हास्य-व्यंग्य दोहे

हास्य-व्यंग्य दोहे

जीव-जन्तु ब्रह्माण्ड के मूलतः सभी चमार।
चमड़े का है आवरण, रहे सभी हैं धार।।

माणिक मृगेश

वाणी प्रकाशन
प्रकाशन के उत्कृष्टतम 63 वर्ष

सजिल्द पहला संस्करण : 2026

vaniprakashan.com

वाणी प्रकाशन

4695, 21-ए, दरियागंज, नयी दिल्ली-110 002

फ़ोन : + 91 11 23273167, 23275710

शाखाएँ

अशोक राजपथ, पटना-800 004, बिहार

कॉफ़ी हाउस कैम्पस, महात्मा गांधी मार्ग, प्रयागराज-211 001, उत्तर प्रदेश

महात्मा गांधी अन्तरराष्ट्रीय हिन्दी विश्वविद्यालय, वर्धा-442 001, महाराष्ट्र

sales@vaniprakashan.in

vaniprakashan@gmail.com

Hasya-Vyangya Dohe

by Manik Mrigesh

ISBN : 978-93-7348-066-4

Satire/Poetry

मूल्य : ₹ 295

आर. टेक ऑफ़सेट, दिल्ली-110 032 में मुद्रित

वाणी प्रकाशन का लोगो मक़बूल फ़िदा हुसैन की कूची से

समर्पण

प्रतिभा का डिग्रियों से नहीं कोई सम्बन्ध।
अनपढ़ दास कबीर पर लाखों शोध प्रबन्ध।।

यह संग्रह महान व्यंग्यकार सन्त कबीर को समर्पित...

भूमिका

दोहा हिन्दी का सर्वाधिक लोकप्रिय काव्य रूप है। यह मुक्तक काव्य शैली की विधा है। विद्वानों के अनुसार दोहा शब्द संस्कृत के दोहडिका, दोहरिका, दोधक व द्विपदा से विकसित है। दो पंक्तियों का है–इसलिए दोहा। उर्दू में जितना शे'र लोकप्रिय है हिन्दी में दोहा।

मुक्तक यानी कि जो बिना किसी प्रसंग के अपनी बात को स्पष्ट रूप से कहने में सक्षम हो। रविदास जी की यह काव्य-पंक्तियाँ 'मन चंगा कठौती में गंगा' यह एक मुक्तक है जो केवल पाँच शब्दों में अपनी बात को कह देता है। दोहा प्राकृत और अपभ्रंश से होता हुआ हिन्दी में आया। हिन्दी में प्रथम दोहेकार माने जाते हैं अमीर ख़ुसरो और चन्द बरदाई। चन्द बरदाई ने 'पृथ्वीराज रासो' में दोहों का प्रयोग किया है। 'पृथ्वीराज रासो' की भाषा अपभ्रंश मिश्रित हिन्दी है। अमीर ख़ुसरो की भाषा खड़ी बोली और ब्रजभाषा का मिलाजुला रूप है। दोहा के अनेक प्रकार होते हैं। मोटे तौर पर 13-11 मात्रा के विधान वाला दोहा ही ज़्यादा लिखा जा रहा है और यही लोकप्रिय है।

तीसरी और चौथी पंक्ति की जो तुक है वह गुरु और लघु में हो तो ज़्यादा अच्छा रहता है। वैसे कविता का छन्द, गण, अलंकार व मात्रादि बन्धनों से कोई सम्बन्ध नहीं होता। क्रौंच पक्षी की पीड़ा को देखकर वाल्मीकि के मुख से फूटी ये पंक्तियाँ–

मा निषाद प्रतिष्ठां त्वमगमः शाश्वतीः समाः।
यत्क्रौंचमिथुनादेकमवधी काममोहितम्।।

कविता है। वाल्मीकि जी ने गिन-गिनकर शब्द नहीं बोले थे मगर बाद में काव्यशास्त्रियों ने मात्राएँ गिनीं और इसे अनुष्टुप छन्द घोषित कर दिया।

संसार में आज तक कोई भी विद्वान कविता की परिभाषा नहीं दे पाया है और न कोई ऐसी संस्था है जो कवि होने का प्रमाणपत्र जारी करती हो। कामचलाऊ

दो परिभाषाएँ हैं। एक आचार्य विश्वनाथ जी की–'रसात्मकं वाक्यं काव्यं' यानी रसयुक्त वाक्य ही काव्य है। यहाँ रस से तात्पर्य विचारों और भाव से है। शृंगार, हास्य आदि रसों से नहीं। दूसरी परिभाषा है अरस्तू की– Poetry is the immitation of nature. यानी कविता प्रकृति की अनुकृति है और प्रकृति अनवरत बदलती रहती है। इसलिए कविता के स्वरूप को निर्धारित नहीं किया जा सकता। इसलिए हमारा मानना है कि–

छन्द बन्ध से काव्य का, ना कोई सम्बन्ध।
कविता सरिता सी बहे, तोड़ सभी तटबन्ध।।

मेरा यह संग्रह 'हास्य-व्यंग्य दोहे' दो भागों में है। प्रथम भाग में सोशल मीडिया पर पोस्ट किये गये दोहे, दूसरे भाग में जन-प्रचलित दोहों व काव्य-पंक्तियों की भावार्थ प्रस्तुति। मैंने मोटे तौर पर दोहे के 13-11 वाले फॉर्मेट को ही अपनाया है। पूरी कोशिश की गयी है कि ये दोहे, दोहे के फॉर्मेट में हों। फिर भी कुछ भूल-चूक रह सकती है। पाठक अनदेखा कर देंगे। मेरा प्रयास रहा है कि प्रत्येक दोहे में कोई न कोई सन्देश/भाव/विचार दिया जाये। इसलिए मेरा यह भी कहना है कि–

शैली सरल सपाट हो, सन्देशा भी होय।
आम आदमी समझ ले, कविता मानो सोय।।

इस संग्रह में विविध विषयों से सम्बन्धित दोहे हैं। समसामयिक घटनाओं और प्रसंगों के भी दोहे हैं। फ़ेसबुक के मित्रों ने मुझे दोहे लिखने के लिए काफ़ी ऊर्जा दी है। झूठी या सच्ची मेरी तारीफ़ करते हुए मुझे निरन्तर दोहा लिखने के लिए प्रेरित किया है। मेरे अनेक दोहे लखनऊ के सुधी साहित्यकार श्री सोहनलाल सुबुद्ध जी ने व मुज़फ़्फ़रनगर के श्री नेमपाल प्रजापतिजी ने संशोधित कराये हैं। मैं इन दोनों सुधी साहित्यकारों के प्रति कृतज्ञता ज्ञापित करता हूँ। लखनऊ विश्वविद्यालय के पूर्व विभागाध्यक्ष प्रो. कालीचरण स्नेही जी ने मुझे काफ़ी स्नेह दिया है। मेरी पत्नी श्रीमती सावित्री जी मेरी प्रथम पाठक रहती हैं और मैं सबसे पहले रचना इन्हीं को फॉरवर्ड करता हूँ और राय लेता हूँ। पश्चिमांचल हिन्दी प्रचार समिति की डॉ. राखी सिंह, डॉ. रानू मुखर्जी एवं डॉ. मीरा सक्सेना ने इन दोहों की काफ़ी तारीफ़ की है। फ़ेसबुक पर मेरे नियमित हज़ारों पाठक हैं जो मुझे प्रेरित करते रहे हैं। स्थानाभाव के कारण सभी के नाम नहीं लिख पा रहा हूँ। मैं सबसे क्षमा चाहता हूँ। इस संग्रह को पुस्तक के रूप

में लाने का श्रेय श्री प्रवीण मोरे जी को जाता है, जिन्होंने पाण्डुलिपि तैयार की है।

अन्त में, मैं अपने दिल्ली विश्वविद्यालय के एम.ए. हिन्दी के सहपाठी, अभिन्न मित्र और वाणी प्रकाशन के प्रबन्ध निदेशक श्री अरुण माहेश्वरी जी के प्रति विशेष आभार ज्ञापित करता हूँ जो मुझे टेलीफ़ोन करके नया कुछ लिखने के लिए कहते रहते हैं और जो भी, जैसा भी कच्चा-पक्का मैं लिख देता हूँ, अपने प्रतिष्ठित प्रकाशन से प्रकाशित कर देते हैं।

आशा है पाठकों को संग्रह की तुकबन्दियाँ और भाग-2 के रूप में दी गयी जन-प्रचलित दोहों और काव्य-पंक्तियों की समीक्षा अवश्य पसन्द आयेंगी।

सादर,

–डॉ. माणिक मृगेश
अध्यक्ष,
पश्चिमांचल हिन्दी प्रचार समिति, वडोदरा

'मृगेशायन', 22–बी, मनोरथ सोसाइटी,
न्यू समा रोड, वडोदरा-390 024
गुजरात
मो. 9909019951
mrigeshmanik@gmail.com

अनुक्रम

भाग—एक

हास्य-व्यंग्य दोहे

भाग—दो

भावार्थ सहित कुछ सुनी-सुनाई काव्य पंक्तियाँ

भाग-1

हास्य-व्यंग्य दोहे

अध्यात्म

सिवा आपके आपका, नहीं जगत में कोय
प्यार कीजिए स्वयं से, सरस ज़िन्दगी होय

*

नहीं ज़िन्दगी को जिएँ, नियमों के अनुसार
जैसा और जो भी है, करें उसे स्वीकार

*

नहीं बड़ी है प्रीत से, जग में कोई रीत
जाये इसके साथ में, सरस ज़िन्दगी बीत

*

अफरे जिनके पेट हैं, योगा उनका खेल
मज़दूरों का योग तो, आटा दाल व तेल

*

जीवन को भी समझ कर, इक साझा अनुबन्ध
समझौता करके जिएँ, मिले सच्चिदानन्द

*

खाएँ पिएँ मस्त रहें, रक्खें नेक विचार
जिएँ ज़िन्दगी प्रेम से, जन्म न बारम्बार

*

दो जून की रोटी सब, पाएँ बिन अवरोध
क़ुदरत से दो जून पर, बस इतना अनुरोध

*

धरम वरम सब भ्रम हैं, भ्रम है जात पात
प्रेम पूर्वक रहिए सब, मिल जुल करके साथ

*

कहने को तो आदमी, मैं हूँ एक हुज़ूर
आदमियत से हूँ मगर, कोसों कोसों दूर

*

अपने दीपक ख़ुद बनो, है उत्कृष्ट विचार
पीड़ा मुक्त हो जाये, अपनाए संसार

*

खान पान परिधान का, रखें ठीक से ध्यान
पता नहीं जायें निकल, ना जाने कब प्राण

*

प्रेम शब्द में समाहित, पूरा ही संसार
बिना प्रेम के ज़िन्दगी, बिल्कुल है निस्सार

*

जीवन में यदि नित रहे, हास और परिहास
जीवन जीने की बहुत, बढ़ जाती है प्यास

*

सुख से ज़्यादा भोगता, जीवन में जन कष्ट
फिर भी जीने की रखे, इच्छा बहुत बलिष्ठ

*

जीवन एक समीकरण, पतझर और वसन्त
हर जीवन का सुनिश्चित, प्रारब्ध और अन्त

*

जीवन जीने का लिया, यदि हमने आनन्द
सहने हों दुख दर्द भी, हमको ही सानन्द

*

कभी कभी बिन बात भी, कर लिया करें बात
नैसर्गिक ऊर्जा मिले, तबीयत ख़ुश हो जात

*

धन से बड़ा न जगत में, शक्तिमान हथियार
इसके आगे हैं सभी, अस्त्र-शस्त्र बेकार

*

जीवन जीना है नहीं, बच्चों का सा खेल
रोज़ नये झमेले हैं, हँसते हँसते झेल

*

जीव जन्तु ब्रह्माण्ड के, मूलतः सभी चमार
चमड़े का है आवरण, रहे सभी हैं धार

*

मत समझिए है कोई, जग में अपना ख़ास
जो करना है ख़ुद करो, छोड़ परायी आस

*

बकरा इस संसार में, सबसे अधिक महान
इससे ज़्यादा ना हुआ, कोई भी क़ुर्बान

*

शक्तिमान इस जगत में, सबसे ज़्यादा वक़्त
बड़े बड़ों के अहम् को, पल में कर दे ध्वस्त

*

डिग्रियों से नहीं मिले, प्रज्ञा और विवेक
स्वाध्याय ही मारग है, इसका तो बस एक

*

दुनियादारी का जिसे, जितना कम है ज्ञान
सबसे ज़्यादा जगत में, सुखी वही इन्सान

*

हर इन्सान के अन्दर, रहें कई इन्सान
असल नक़ल की हो सके, मुश्किल से पहचान

*

जूते गाँठत कहत हैं, अद्‌भुत कवि रैदास
मन चंगा तो कठौती, गंगा करे निवास

*

साईं ने काफ़ी दिया, फिर भी देते दोष
मित्रो ऐसे नरन को, मिले कभी ना तोष

*

मरना शाश्वत सत्य है, कहें सभी यह बात
पर कोई ना चाहता, यह भी सच है भ्रात

*

बड़ा ना छोटा कोई, नहीं ग़रीब-अमीर
बड़ा जगत में है वही, जिसका बड़ा ज़मीर

*

भाषा, संस्कृति

विश्व में विद्यमान है, हिन्दी का अस्तित्व
हिन्दी के कारण बने, शानदार व्यक्तित्व

*

शील और अश्लील है, मन का सिर्फ़ फ़ितूर
खजुराहो के चित्र लखि, हो जाता है दूर

*

माँ भाषा में हो सके, सच्ची मन की बात
मातृभाषा अपनाएँ जहाँ, ज़रूरी भ्रात

*

भाषा व संस्कृति कोई, होती नहीं विशुद्ध
होतीं सामासिक सभी, कहते सुधी प्रबुद्ध

*

नेताओं के बोल पर, होना चहिए शोध
जुमले शिष्ट मुहावरे, और सौन्दर्य बोध

धर्म

खान पान परिधान हैं, होते निजी पसन्द
धर्म जाति अरु बुद्धि से, बिल्कुल ना सम्बन्ध

*

मानवता ही धर्म है, और सभी पाखण्ड
धर्म तो चिर अखण्ड है, उसके ना हों खण्ड

*

रचनाकार का पहला, मानवता है धर्म
बिन इसके ना हो सके, साहित्यिक सत्कर्म

*

ईश्वर निर्गुण रूप है, ना है निश्चित ठाम
कहते थे रविदास जी, सौ सौ बार प्रणाम

*

ढोंग और पाखण्ड में, सभी धर्म हैं एक
सब के सब अच्छी तरह, हमने लीन्हे देख

*

कबिरा खड़ा बजार में, लिए पलीता हाथ
जो घर जारै और को, चलै हमारे साथ

*

कट्टरता की देश में, हुई तीव्र अति चाल
हो न जाये अपना भी, इस्लामिक सा हाल

*

विकास की है दौड़ में, पिछड़े वे ही देश
धर्म उन्माद में सना, जहाँ रहे परिवेश

*

आधी दौलत देश की, बाबाओं के पास
इससे बढ़िया और क्या, होगा देश विकास

*

हमने सर्वेक्षण किया, निकला ये ही सार
धर्मिष्ठों के ही मिले, अति संकीर्ण विचार

*

हो मानव के संग जहँ, मानव सा व्यवहार
असल धर्म तो है वही, बाकी सब व्यापार

*

अल्लाह यीशु देवता, ख़ूब मिले भगवान
पर ढूँढ़े भी ना मिला, हमको इक इन्सान

*

आस्तिक नास्तिक के मध्य है, फिज़ूल का द्वन्द्व
जिसको जो अच्छा लगे, उसमें ले आनन्द

*

हमारे दृष्टिकोण से, परमेश्वरम् अज्ञात
मानिए नहीं मानिए, मन मर्ज़ी है बात

*

व्यर्थ नौकरी चाकरी, व्यर्थ खेत व्योपार
साधू बनकर लीजिए, मस्ती मौज बहार

*

धर्म व्यक्तिगत तत्व है, यह साझा ना होय
व्याख्या से भी है परे, समझा सके न कोय

*

मानवता से जगत में, बड़ा धर्म ना कोय
करे आचरण मानवी, सच्चा धार्मिक सोय

*

कथा वाचकों की देख, ऐश और आराम
कथा बाँचने लग गये, महाकवि सियाराम

*

सभी धर्म कहते यही, उनका सबसे श्रेष्ठ
धर्म तो बस धर्म है, को कनिष्ठ को ज्येष्ठ

*

धर्म वर्म सब भ्रम हैं, सब के सब वाह्यात
सब में अन्तर्निहित है, भेद भाव की बात

*

परिवर्तन को मानते, सब हैं अच्छी बात
धर्म परिवर्तन पर क्यों हो, हल्ला फिर भ्रात

*

पशु पक्षी ताल तलैया, बाकी बचे न कोय
धर्म जाति आधार पर, बाँट न दैहें सोय

*

हवा तक विषैली हुई, बढ़ा वैर विद्वेष
जाति धर्म के पाश में, जकड़ा पूरा देश

*

बाबाओं के धर्म को, नमन करें सौ बार
धीरे धीरे ले लिए, सारे कारोबार

*

जिन देशों में धर्म का, बढ़ा अधिक उन्माद
सब के सब वे हो गये, बुरी तरह बरबाद

*

जब से पकड़ा धर्म ने, हथियारों का संग
तब से ही है हो गया, मोह हमारा भंग

*

धर्म की भट्ठी में है, झोंका पूरा देश
अति ज़हरीला कर दिया, पूरा ही परिवेश

*

ज़ेड सुरक्षा की रखे, हर बाबा है आस
ईश्वर पर भी ना रहा, इनको है विश्वास

*

सन्तन की प्रवृत्ति बदली, बदले सोच विचार
करें धर्म की आड़ में, सब के सब व्यापार

*

काम क्रोध लालच बिना, अब सन्तई न होय
विष समाज में घोलता, असल सन्त है सोय

*

पाखण्डी सब धर्म हैं, सारे हैं वाह्यात
सारे के सारे करें, भेदभाव की बात

*

सन्तन छोड़ी सन्तई, छोड़ो हरि कौ नाम
सीकरी सौं पड़न लगौ, अब सन्तन कूँ काम

*

सारे धर्मों ने किया, नारी का अपमान
संविधान ने दे दिया, विधि सम्मत सम्मान

*

सब झगड़ों का मूल है, इस दुनिया में युद्ध
और निदान हरेक का, केवल गौतम बुद्ध

*

बाबाओं को व्यर्थ में, गरियाते हैं लोग
ख़ुद जाते हैं शरण में, पाने माखन भोग

*

जब तक दुनिया में रहे, धर्मान्धों की भीर
प्रासंगिक तब तक रहें, निर्गुण सन्त कबीर

*

अल्ला यीशु ईश कहो, कहो नमो बुद्धाय
बिन उद्यम के मित्रवर, रोटी ना मिल पाय

*

ख़ुद ही शोषण के लिए, महिला ज़िम्मेदार
जान कर भी जा पहुँचें, बाबाओं के द्वार

*

धन में अद्‌भुत शक्ति है, सारे ऐब छिपात
बौने इसके सामने, नस्ल धर्म अरु जात

*

सारे बाबा एक से, करें धर्म व्यापार
अन्ध भक्त ख़ुद पहुँचते, लुटने उनके द्वारा

राजनीति

पैसे से नहिं बुद्धि से, सफल होत हैं काज
छोटे से इंग्लैंड ने, किया विश्व पर राज

*

पूर्वोत्तर में तोरई हुआ बीफ़ का अर्थ
राजनीति है साथियो क्यों लड़ते हो व्यर्थ

*

राजा होना चाहिए सहृदय सहज उदार
जो सम्यक आलोचना करे विहँस स्वीकार

*

ध्वज फहराने मात्र से भरे नहीं है पेट
आटे दाल के साहिब डबल हो गये रेट

*

कैसा संविधान दिवस काहे की जयकार
धज्जियाँ ख़ुद उड़ा रहे इसके पालनहार

*

राजाओं में आज भी गुलामी के अवशेष
कुर्सी ख़ातिर कहीं भी कर जाते प्रवेश

*

गांधी को दे गालियाँ फाड़े पोस्टर चित्र
राष्ट्रभक्त पक्का उसे समझ लीजिए मित्र

*

लोक सभा के आ रहे ज्यों ज्यों निकट चुनाव
त्यों त्यों बढ़ते जा रहे बाबाओं के भाव

*

विश्व गुरु होने का है, रोज़ पीटते ढोल
विश्व स्तरीय हॉस्पिटल, एक न पाये खोल

*

बोली पर पहरा लगा, खन पर प्रतिबन्ध
अभिव्यक्ति के दरवाज़े हुए, सब तरह बन्द

*

लोक तन्त्र में लोक की, मौन हुई आवाज़
निश्चित ही परिस्थितियाँ, बहुत विषम हैं आज

*

न्यायाधीश होते हैं, सर्जक के समकक्ष
उनको रहना चाहिए, हमेशा ही निष्पक्ष

*

पंचों को माना गया, परमेश्वर समकक्ष
शायद ही कोई मिले, उस जैसा निष्पक्ष

*

अधम नीति संसार में, राजनीति है मित्र
इसके चलते लड़ मरें, माँ पिता और पुत्र

*

विधायक सांसद मन्त्री, बिकें जहाँ सरकार
ऐसे सुलोकतन्त्र को करें, नमन सौ बार

*

पल में टोपी बदल लें, ये कुर्सी के लाल
जनता आपस में व्यर्थ, लेत दुश्मनी पाल

*

जब-जब आये सामने, कोई निकट चुनाव
तब अचानक बढ़ जायें, बाबाओं के भाव

*

नेताओं की भक्ति में, बैर न पालो भ्रात
ये तो सारे रात को, पीते हैं इक साथ

*

राजनीति के समर में, उलटी बहे बयार
झूठ अधिकतर जीतता, होय सत्य की हार

*

राजा अच्छा है वही, जिसके कम आदेश
जनता हँस पालन करे, सब उसके निर्देश

*

राजनीति का देखिए, बड़ा बुरा है रोग
बिकते थोड़े लोभ में, अच्छे अच्छे लोग

*

नेताओं की वजह से, कभी न ठानो रार
पता न कब किस नाव पै, हो जायें असवार

*

राजाओं ने राष्ट्र हित, किया न कबहू काम
इनके कारण ही रहा, सदियों देश ग़ुलाम

*

भगोड़ों का हुआ नहीं, कभी कहीं सम्मान
जीवन भर भटकत रहें, ज्यों भटकत हैं श्वान

*

साहित्य

पुस्तक जैसा जगत में, अन्य न कोई मित्र
अन्तर्पट को खोल कर, निर्मित करे चरित्र

*

ग़ज़ल कहना अर्थ पूर्ण, बहुत बड़ी है बात
कह ना पाए शेर भी, हम तो अब तक भ्रात

*

तुक भी है महत्त्वपूर्ण, कविता का इक अंग
बिन इसके आता नहीं, कविता में रस रंग

*

पर पीड़ा जब हृदय में, घनीभूत हो जाय
तब जा वाल्मीकि कोई, रामायण रचि पाय

*

मौलिक कवि हैं मंच पर, लगभग प्रतिशत पाँच
इक दूजे की शेष सब, कविता देते बाँच

*

कलाकार सच्चा वही, होता है श्रीमान
जिसके अन्दर बसत है, इक अच्छा इन्सान

*

शैली सरल सपाट हो, सन्देशा भी होय
आम आदमी समझते, कविता मानो सोय

*

मीटर के संग मैटर, जिस कविता में होय
अपनी तो है दृष्टि में, अच्छी कविता सोय

*

कहने को तो लिख दईं, उनने पुस्तक साठ
पर क्या लिखा है उनमें, उन्हें भी ना ज्ञात

*

सीधी सरल सपाट हो, सन्देशा कुछ होय
आम आदमी समझ ले, कविता अच्छी सोय

*

पाठक लेवे समझ बस, लिखी आपकी बात
लेखन सार्थक है वही, समझ लीजिए भ्रात

*

कवि अपना हैं कर रहे, ख़ुद ही है प्रचार
प्रमाण पत्र दिखा रहा, कोई है अख़बार

*

सीधी सरल सपाट हो, भले अछान्दस होय
बात अनूठी चाहिए, कविता अच्छी सोय

*

ना कविता का नियम हो, नाहिं व्याकरण होय
भाषा सरल शिक्षा कछु, कविता समझो सोय

*

पुस्तकों का लगा हुआ, बहुत बड़ा अम्बार
पाठक खोजे ना मिलें, कितना अत्याचार

*

मातृ दिन पै भावों का, ऐसा उमड़ा ज्वार
कवियों की इक हो गयी, बड़ी पौध तैयार

*

मानवता को केन्द्र रख, लिखे तथ्यगत सत्य
साहित्यिक सच्चा वही, वो ही सत साहित्य

*

महँगाई व बेकारी, महिला अत्याचार
इन मुद्दों पै भी करें, रचनाकार प्रहार

*

छन्द बन्ध से काव्य का, ना कोई सम्बन्ध
कविता सरिता सी बहे, तोड़ सभी तटबन्ध

*

कविता ऊर्जा देत है, कविता दे रस रंग
जीवन सरस बनाइए, रह कविता के संग

*

मुक्तक कवित्त सवैया, दोहे लिखे हज़ार
यदि उनमें सन्देश ना, सब के सब निस्सार

*

सबसे ज़्यादा कारगर, भाषा का हथियार
इसके समक्ष दुनिया के, सब अस्त्र-शस्त्र बेकार

*

कविता कबहू ना, रही बाड़े में बन्द
बहती सरिता की तरह, तोड़ सभी तटबन्ध

*

हिन्दी को मत जोड़िए, विशुद्धता से मित्र
धुँधला जाये अन्यथा, इसका उज्ज्वल चित्र

*

जाति मज़हब से ऊपर, जिसके सोच विचार
उसको ही बस समझिए, सच्चा रचनाकार

*

क़लमकार तो आजकल, कम दिखते दमदार
ज़्यादा संख्या में दिखें, सब जगह दुमदार

*

कविता ऐसी चाहिए, निज समझे हर कोय
औरन को रंजित करे, आपहु रंजित होय

सामाजिक

अम्बर में भी जा बसें, यदि भारत के लोग
वहाँ पर भी फैला दें, जाति पाँति का रोग

*

अल्लाह यीशु देवता, ख़ूब मिले भगवान
पर ढूँढ़े भी ना मिला, हमको इक इन्सान

*

अधिकांश नारी चाहें, पुत्र प्रथम सन्तान
भेदभाव कैसे मिटे, बतलाओ श्रीमान

*

साहित्यिक ऐसा हमें मिला, न अब तक कोय
भेद भाव की भावना, जिसके मन ना होय

*

लड़की एक न चाहिए, लड़के हो जायें चार
बेशक चाहे वे सभी, घर से दें फटकार

*

चाहे मोटेलाल हो, अथवा छोटेलाल
वंश चलाने के लिए, सबै चाहिए लाल

*

नर नारी पढ़ ग़ैरपढ़, निर्धन हो या शाह
सब के मन में होत है, पुत्र रत्न की चाह

*

सबसे ज़्यादा ख़ुशी दे, बच्चों की मुसकान
बच्चों का पोषण करें, भली भाँति श्रीमान

*

जातिभेद इस देश से, कभी न होगा ख़तम
पैसा इसकी तीव्रता, कर सकता है नरम

*

मात्र जयभीम जाप से, चले नहीं है काम
शिक्षित हों सम्पन्न बनें, मिलें सुखद परिणाम

*

लेश मात्र भी फ़र्क़ ना, नर नारी में मित्र
इक जैसा ही आचरण, एक समान चरित्र

*

जाति धर्म को देख, हो जहाँ मान अपमान
हम हैं उस गणतन्त्र के, बाशिन्दे श्रीमान

*

जातिवाद से है बड़ा, अन्य न कोई वाद
इसने पूरे देश को, कर डाला बरबाद

*

हर इन्सान के अंदर, रहें कई इन्सान
असल नक़ल की हो सके, मुश्किल से पहचान

*

ऊँचे ऊँचे पदों का, मत कीजिए गुमान
रिटायरमेंट के बाद, सब पद शून्य समान

*

धर्म पुराणों ने किया, नारी का अपमान
पर नारी ने देश का, सदा बढ़ाया मान

*

प्रतिभा का डिग्रियों से, नहीं कोई सम्बन्ध
अनपढ़ दास कबीर पर, लाखों शोध प्रबन्ध

*

जितनी खाई अर्थ की, छोटी होती जाय
उतनी अधिक समाज में, समरसता है आय

*

नज़दीकी सम्बन्ध से, बढ़ने लगें विवाद
सम्बन्ध भले दूर के, बना रहे संवाद

*

जीते जी रोटी नहीं, मरने पर हरिद्वार
ऐसे ही ज़्यादा मिले, हमको श्रवण कुमार

*

बच्चा जब पैदा हुआ था, वह बिल्कुल नग्न
समाज ने चिपका दिये, जाति धर्म के चिह्न

*

जातिभेद इस देश से, कभी न होगा ख़त्म
पैसा इसकी तीव्रता, कर सकता है नर्म

*

जाति एक इन्सान है, नर नारी उप जात
और सभी हैं कल्पना, वैज्ञानिक यह बात

*

पैसे वालों में मिला, कुण्ठा ईर्ष्या भाव
निर्धन लोगों में दिखा, भारी प्रेम लगाव

*

पक्का हिन्दू तब तलक, रहे अति परेशान
जब तक है वो आपकी, जाति न लेता जान

*

डिग्रियों से नहीं मिले, प्रज्ञा विवेक
स्वाध्याय ही मारग है, इसका तो बस एक

*

भगोड़ों को समाज में, मिले कभी ना मान
ये पिछलग्गू ही रहें, जीवन भर श्रीमान

*

गुरु ही इस संसार में, सच्ची राह दिखाय
अन्तर्तम के तमस को, जड़ से देय मिटाय

*

घरबार को भी समझें, जैसे कारोबार
अगर सरस चलता रहे, समझो बेड़ा पार

*

चड्ढा बनियान पहने, चलते अब श्रीमान
और श्रीमती जी चलें, ढँके बदन परिधान

*

लड़ें भिड़ें सँग सँग रहें, ऐसे चित्र विचित्र
चट्टे बट्टे हैं दोउ, नर नारी सन्मित्र

*

साहित्यिक ऐसा हमें, मिला न अब तक कोय
भेद भाव की भावना, जिसके मन ना होय

*

मात पिता इनको लगें, भारी भरकम भार
काँवड़ को डाक जैसे, ले पहुँचें हरि द्वार

*

आदिवासी दिन पै है, अपनी यही गुहार
बचे रहने दें इनके, जड़ जमीन घर वार

*

तोड़ो मूर्ति गांधी, की गाली देउ हज़ार
आज़ादी की क्रान्ति का, था झण्डाबरदार

*

डाइट प्लान से खाएँ, भरे पेट के सेठ
उन्हें खिला दो कभी भी, जिनका भूखा पेट

*

मतलब से नाता बड़ा, नहीं जगत में कोय
मतलब तो सूद्र का भी, पग प्रक्षालन होय

*

आदिम युग में था बहुत, नारी का सम्मान
अब समाज समझे उसे, सिर्फ़ एक सामान

*

बुलडोज़र से आज तक, बँगला तुड़ा न एक
झोंपड़ियाँ बेरहम ने, तोड़ीं रोज़ अनेक

*

बिना लाभ तो ग़ैर ही, करते हैं सहयोग
अपने तो करते सदा, केवल ही उपयोग

*

सबसे ज़्यादा जगत में, होय फूल सुकुमार
आम जीवन में भी हो, ऐसा ही व्यवहार

*

जीवन जीना जटिल है, समझें ना आसान
सुख दुख हर्ष विषाद का, अद्भुत है सामान

*

रोटी ही है जगत में, एक मात्र औज़ार
इक क्षण में ही मेट दे, सारे भेद विकार

*

देश धर्म से हैं परे, तीज और त्योहार
प्रेम पूर्वक मनाइए, बढ़े परस्पर प्यार

*

इससे ज़्यादा और क्या, होगा और विकास
खाना खाने हैं लगे, आम के यहाँ ख़ास

*

बँगलों वाले बड़ों को, तरह तरह के रोग
मस्त कलन्दर ही मिले, फुटपथिया सब लोग

*

नेताओं के ना बनें, कभी भूलकर भक्त
मित्रों से दुश्मनी बने, भाईचारा लुप्त

*

मात्र बुद्ध जय भीम से, चले नहीं है काम
शिक्षित बनें समृद्ध बनें, तब ही मिले मुकाम

*

हमें एक भी ना मिला, अब तक रचनाकार
ब्राह्मण ठाकुर वैश्य तो, कोई मिला चमार

*

आदमी की तो केवल, एक आदमी जात
इसके अलावा हैं सब, केवल भ्रम की बात

*

वास्तविक गृहिणी की है, ख़ास यही पहचान
मसालों जैसी महके, असली वो श्रीमान

*

है शिक्षक नहीं दूसरा, अर्द्धांगिनी समान
इनसे ज़्यादा किसी के, झेले नहिं व्याख्यान

*

जो ढोना है ढोइए, बिल्कुल आप स्वतन्त्र
बस्ता जब ढोने लगो, मिलें सभी गुरु मन्त्र

*

धर्म पुराणों ने किया, नारी का अपमान
पर नारी ने देश का, सदा बढ़ाया मान

*

पुलिस वाले भी हँस रहे, सुनकर के चुपचाप
नेता तो गालियों में, अपने भी हैं बाप

*

भक्त बनिए पत्नी के, सुखी रहे परिवार
दल या नेता के बने, बिखर जाय घरबार

*

शिक्षा सुविधा एक सी, हर बालक यदि पाय
आरक्षण का मामला, ख़ुद ही हल हो जाय

*

जातिवाद से है बड़ा, अन्य न कोई वाद
इसने पूरे देश को, कर डाला बरबाद

*

सबसे हिंसक जीव है, इस जग में इन्सान
औरों से तो बच सको, इससे ना श्रीमान

*

वृद्धाश्रम में माँ पड़ी, झेले कष्ट अपार
मातृ दिवस पर कर रहे, बेटे जय जयकार

*

महिला दिन पर आपसे, है ये ही अरदास
बाबाओं पर भूल कर, मत करना विश्वास

शिक्षा

शालाओं में अब बिकें, बैग बूट परिधान
ज्ञान यहाँ बिकता नहीं, उसकी अलग दुकान

*

पुस्तक जैसा विश्व में, नहीं मित्र अनमोल
अन्तर्तम अज्ञान के, दे वातायन खोल

*

रचनाकार का पहला, मानवता है धर्म
बिन इसके ना हो सके, साहित्यिक सत्कर्म

*

पुस्तकों का मेले में, लगा हुआ अम्बार
मगर नज़र आते नहीं, पाठक-ख़रीदार

*

गुरुओं के अन्दर भरा, भेद भाव भंगार
कैसे तब उनको मिले, आदर और सत्कार

*

पुस्तक जैसा जगत में, अन्य न कोई मित्र
अन्तर्पट को खोल कर, निर्मित करे चरित्र

*

जब से शिक्षा है पड़ी, व्यापारी के हाथ
शोचनीय तब से हुए, कैम्पस के हालात

*

गुरुओं ने गुरुता तजी, छोड़ा शिक्षक धर्म
बेशर्मी से कर रहे, छात्रों से दुष्कर्म

*

शिक्षक हिंसक हो रहे, चिन्तनीय है बात
दिन दिन शिक्षा जगत के, बिगड़ रहे हालात

*

मात्र जयभीम जाप से, चले नहीं है काम
शिक्षित हों सम्पन्न बनें, मिलें सुखद परिणाम

*

जिस दिन गुरु जी की खुली, ट्यूशन की दुकान
उसी दिवस से घट गया, मान और सम्मान

*

शिक्षा में होने लगा, माफियों का प्रवेश
निश्चित शिक्षा क्षेत्र का, गड़ जाय परिवेश

*

इससे बढ़कर श्रेष्ठतम, कोई नाहिं निनेश
कर्ज़ा ले भी पढ़ाएँ, बच्चों को मृगेश

*

गुरु तो हमको मानते, काफ़ी सारे मित्र
बात न माने एक भी, कैसी बात विचित्र

*

कोचिंग क्लासों का है, अजब ग़ज़ब का खेल
बी कॉम को पढ़ा रहे, दसवीं कक्षा फेल

*

जिस दिन शिक्षा का, जुड़ा व्यापारी से तार
उसी दिवस से हो गया, इसका बंटाधार

*

शिक्षा अति महँगी हुई, बनी पूर्ण व्यापार
सपने ग़रीबों के अब, कैसे हों साकार

*

गुरु से बढ़कर जगत में, कोई न साधु सन्त
गुरु पूजा सबसे बड़ी, ग्रन्थ बड़ा गुरु ग्रन्थ

*

सोशल मीडिया

सोशल मीडिया के प्रति, करें व्यक्त आभार
हिन्दी को पहुँचा दिया, सात समुन्दर पार

*

वैचारिक दोहा लिखा, लाइक आयीं चार
फ़ोटो वाली पोस्ट को, लाइक मिलीं हज़ार

*

मौलिक कवि हैं मंच पर, लगभग प्रतिशत पाँच
इक दूजे की शेष सब, कविता देते बाँच

*

फ़ेसबुक ने कवियों की, ख़ूब बढ़ाई शान
मंच दिया पाठक दिये, और दिया सम्मान

*

नित्य फ़ेसबुक पै करें, अपना ख़ूब प्रचार
इससे अच्छा मुफ़्त में, मिले नहीं अख़बार

*

कविता की खेती फली, कवि उत्पन्न अपार
श्रोता एकहु ना दिखे, झेलन को तैयार

*

फ़ेसबुक की लाइक का, फ़ेस मुख्य आधार
दुखी न होवें मित्रवर, स्वाभाविक व्यवहार

*

पॉकिट मोबाइल रखें, बिन इसके सब सून
नीरस बिन इसके लगें, मसूरी और दून

*

रचना तो सामान्य थी, फ़ोटो आलीशान
लाइक बेशुमार मिलीं, इस कारण श्रीमान

*

प्रसाद जैसे बँट रहे हैं, अभिनन्दन पत्र
जितने चाहें लीजिए, काम लगेंगे मित्र

*

ऐसे भी हमको मिले, अजब अनूठे मित्र
ईवनिंग में भेजते, गुड मॉर्निंग का चित्र

*

प्रणाम लिखकर भेजता, नित उन्हें मैं मित्र
वे बदले में भेज दें, रेडिमेड इक चित्र

*

विविध

संख्या से ना प्रज्ञा से, सिद्ध होहिं सब काज
छोटे से इंग्लैंड ने, किया विश्व पर राज

*

तब तक ही क़ायम रहे, पद का मान गुमान
जब तक रहते साहेब, पद पै विराजमान

*

ज़िन्दगी में बना रहे, अगर हास परिहास
बुढ़ापा नहीं साथियो, फटके कबहू पास

*

यथा चाहते आप हैं, औरन से व्यवहार
आप से भी है साहब, ऐसी ही दरकार

*

वैसे तो नित रास में, रहते हैं मद मस्त
वैलेंटाइन दिवस से, पर नफ़रत है सख़्त

*

रील फ़िल्म देखी नहीं, बीस वर्ष से एक
जीवन की रीयल फ़िल्म, रोज़ाना लें देख

*

हास और परिहास का, जब से हुआ अभाव
तब से जीवन में बढ़े, कुण्ठा और तनाव

*

निष्ठा से है जो करे, अपने सारे काम
उसको मिलते सुनिश्चित, अच्छे ही परिणाम

*

समाजवाद ला सकता, केवल मित्रो अर्थ
जिसकी अंटी अर्थ है, पूरी तरह समर्थ

*

सारी समस्याओं का, केवल एक निदान
हमारे मत में मित्रो, पैसा को लो मान

*

अपने वश का है नहीं, करना कोई कार
शब्दों का ही कर सकें, हम तो कारोबार

*

जीवन में यदि नित रहे, हास और परिहास
जीवन जीने की बहुत, बढ़ जाती है प्यास

*

दो वक़्त की रोटी का, बना रहे संयोग
इसको ही हम समझते, सबसे अच्छा योग

*

अखाड़े में तो दोस्तो, जीत सको मैदान
नेताओं से जीतना, नहीं बहुत आसान

*

वफ़ादार और सहृदय, नहीं श्वान सम कोय
बेइज़्ज़त फिर भी यही, सबसे ज़्यादा होय

*

सर्जन सच्चा है वही, कर सकता श्रीमान
जिसके अन्दर बसत हो, कोमल इक इन्सान

*

होवे नहिं छोटा बड़ा, कोई भी है काम
मोची कवि रैदास जी, हुए विश्व सरनाम

*

जीवन में रस घोलता, मित्रों का सत्संग
ख़ूब ठहाके लगाएँ, नित मित्रों के संग

*

दुनियादारी का जिसे, जितना कम है ज्ञान
सबसे ज़्यादा जगत में, सुखी वही इन्सान

*

योगा उनका खेल है, जो हैं ज़्यादा तृप्त
योगा प्रभु कैसे करें, भूखे हैं जो भक्त

*

जीवन जीने के लिए, बहुत ज़रूरी चाह
जीवन में रसता बढ़े, और बढ़े उत्साह

*

शक्तिमान इस जगत में, सबसे ज़्यादा वक़्त
बड़े बड़ों के अहम् को, पल में कर दे ध्वस्त

*

आयेगा ऐसा समय, कबहु न किया विचार
मिल न सकेंगे अन्त में, शव को कन्धे चार

*

एक पैरे का लेखन, एक वाक्य के बोल
व्यक्ति के दृष्टिकोण की, परतें देते खोल

*

पैसे से ही सब जगह, आव भगत है होय
बिन पैसे के जगत में, पूछत ना है कोय

*

कार्यान्वयन से पहले, मनन करें दस बेर
इक चूक सौ सटीक पर, पानी देती फेर

*

जीवन में जिस पै पड़ी, जितनी ज़्यादा मार
चोटी पै पहुँचा वही, मित्रो आख़िरकार

*

पीड़ित सब संसार है, ईर्ष्या अद्भुत रोग
परिवार तक में ईर्ष्या, करें परस्पर लोग

*

रंग प्रकृति की मनुज को, अद्भुत है सौग़ात
भला बीच में आ गये, कैसे धर्म व जात

*

हृदय भिखारियों जैसा, रखिए सदा उदार
कर देते हैं माफ़ वे, रुपये रोज़ हज़ार

*

हास और परिहास का, जब से हुआ अभाव
तब से जीवन में बढ़े, कुण्ठा और तनाव

*

निष्ठा से है जो करे, अपने सारे काम
उसको मिलते सुनिश्चित, अच्छे ही परिणाम

*

आराध्यों के जाप से, ना बनता है काम
काम तो है बने तभी, करें आप जब काम

*

सारी समस्याओं का, केवल एक निदान
हमारे मत में मित्रो, पैसा को लो मान

*

सब रोगों का मूल है, सबका यही निदान
पैसा ही है जगत का, कंट्रोलर श्रीमान

*

मित्रता भली दूर की, बढ़ती जाय मिठास
दोष नज़र आने लगें, ज्यों ज्यों आयें पास

*

उमड़ा गौरैया हेतु, कविताओं में प्यार
काश हो जाये सच में, ऐसा ही व्यवहार

*

अभिव्यक्ति पै ठीक नहीं, बहुत अधिक प्रतिबन्ध
वरना ख़ुद ब ख़ुद टूटें, इक दिन सब तटबन्ध

*

तन मन को दें ताज़गी, तीज और त्योहार
समाज समरसता बढ़े, बढ़े प्रीत अरु प्यार

*

त्योहारों का तीर्थ है, अपना भारत देश
प्रेम सभी का मूल है, भिन्न नाम अरु वेश

*

ईश्वर निर्गुण रूप है, ना है निश्चित ठाम
कहते थे रविदास जी, सौ सौ बार प्रणाम

*

दुनियादारी का जिसे, जितना कम है ज्ञान
सबसे ज़्यादा जगत में, सुखी वही इन्सान

*

माँ भाषा में हो सके, सच्ची मन की बात
मातृभाषा अपनाएँ, जहाँ ज़रूरी भ्रात

*

विश्व में विद्यमान है, हिन्दी का अस्तित्व
इसके कारण बने, शानदार व्यक्तित्व

*

जीवन के हर मोड़ के, देख लिए हैं दौर
पाना था सो पा लिया, और न चाहिए और

*

वेद औ बाइबिल पढ़ो, पढ़ो पुरान कुरान
मन पोथी जा दिन पढ़ो, मिले अलौकिक ज्ञान

*

निष्ठा से है जो करे, अपने सारे काम
उसको मिलते सुनिश्चित, अच्छे ही परिणाम

*

प्रकृति के अनुरूप आप, लेते हैं जल-अन्न
रहे आपका सुनिश्चित, तन मन सदा प्रसन्न

*

ऐसा कोई व्यक्ति ना, जिसको नहीं तनाव
तनाव को हल्का करे, प्रेम परक सद्भाव

*

संगीत सा सरस नहीं, कोई भी रस रंग
तन मन को झंकृत करे, भर दे नयी उमंग

*

पैसे की तासीर है, इतनी ज़्यादा गर्म
पड़ें नरम इसके समक्ष, पद जाति और धर्म

*

व्यर्थ ऊर्जा विरोध में, मत करिए बरबाद
इससे कोई आज तक, हल ना हुआ विवाद

*

श्रमिक दिवस पै आपको, करें नमन शत बार
जग सम्पूर्ण विकास के, तुम ही हो आधार

*

व्यर्थ कुतर्क वितर्क सब, सब हैं व्यर्थ विवाद
इन पर ऊर्जा व्यर्थ में, मत करिए बरबाद

*

जिसने तन मन से किया, श्रम का है सम्मान
उसको जीवन में मिला, सदा सर्वोच्च स्थान

*

मित्र मिलन पै जो ख़ुशी, मिलती है अनमोल
ढूँढ़े ना मिल पायेगी, कितना भी दो मोल

*

पुस्तक जैसा अन्यतम, मित्र नहीं है कोय
तन मन को निर्मल करे, विष विकार सब धोय

*

रहे पेट जिसका सदा, दुरुस्त ऊर्जावान
उससे ज़्यादा जगत में, स्वस्थ नहीं इन्सान

*

अति महत्त्व का अंग है, इस काया में पेट
जिसका पेट दुरुस्त हो, वो ही सबसे श्रेष्ठ

*

जिसके सिर पर मात्र हो, एक आध ही बाल
कंघी अपनी जेब में, रखे ख़ूब सँभाल

*

महँगाई व बेकारी, महिला अत्याचार
इन पर इनकी लेखनी, कभी न करती वार

*

बच्चे होते राष्ट्र की, उन्नति का आधार
इनको मिलने चाहिए, मूलभूत अधिकार

*

जीवन में रस घोलते, तीज और त्योहार
प्रेम पूर्वक मनाइए, जाति-धर्म बिसार

*

मिलता चिर जिनको रहे, है बच्चों का साथ
उन्हें बुजुर्गी कबहू, नहीं व्यापती भ्रात

*

आज खिलाड़ी हो रहे, सरे आम नीलाम
जो चाहे सो ख़रीदे, देकर ऊँचे दाम

*

मित्रो इस संसार में, वो ही ज़्यादा स्वस्थ
सोवे चद्दर तान कर, खुलकर आवे दस्त

*

ईर्ष्या से बढ़ जगत में, दूजा नहीं विकार
इसके कारण भोगता, मानव कष्ट अपार

*

प्रेमी हो तो साक्षात, मटुकनाथ सा होय
झेले ख़ातिर प्रेम की, अपमान अति सोय

*

मिले जन्मदिन पे हमें, शुभ सन्देश अनेक
पर किसी भी बन्दे ने, शब्द लिखा ना एक

*

दुनिया के सब सुखों का, प्रेम मूल आधार
बिना प्रेम के ज़िन्दगी, बिल्कुल है निस्सार

*

पैसे से ही सब जगह, आव भगत है होय
बिन पैसे के जगत में, पूछत ना है कोय

*

कार्यान्वयन से पहले, मनन करें दस बेर
इक चूक सौ सटीक पर, पानी देती फेर

*

ज्यों-ज्यों बढ़ती उम्र है, त्यों-त्यों बढ़े मिठास
साथी के सत्संग का, तभी होय आभास

*

पैसे से ही हो सके, भेदभाव है दूर
पैसा जिसके पास हो, दुनिया कहे हुज़ूर

*

पौष्टिक टॉनिक मित्र सा, नहीं जगत में कोय
देवे ऊर्जा ताज़गी, सुख-दुख संगी होय

*

क़ुदरत कहे मनुष्य से, तू क्यों दूहे मोय
इक दिन ऐसा आयगा, मैं दोहूँगी तोय

*

भरे पेट के लोग जो, उनको चहिए योग
योग भला कैसे करें, खाली पेट के लोग

*

न्याय तराजू होय जब, अन्यायी के पास
उससे कतई ना करें, न्याय मिलन की आस

*

सम्भव नहीं है तुम बिन, जग का कोई काम
श्रमिक दिवस पर आपको, हे श्रम देव! प्रणाम

*

जीवन में रस घोलते, सदा मधुर सम्बन्ध
हर हाल बनाये रखें, त्याग बन्ध प्रतिबन्ध

*

मज़दूरों पर पड़ रही, चौतरफ़ा से मार
महँगी शिक्षा चिकित्सा, ख़त्म हुए रुज़गार

*

सद्गति होवे भक्ति से, जानत है हर कोय
अन्धभक्ति से बन्धुवर, सदा अधोगति होय

*

नयी ताज़गी का करें, तन मन में संचार
प्रासंगिक हैं इसलिए, तीज और त्योहार

*

दो वक़्त की रोटी का, बना रहे संयोग
मज़दूरों के लिए तो, इससे बड़ा न योग

*

शैली सरल सपाट हो, सन्देशा भी होय
आम आदमी समझ ले, कविता मानो सोय

*

छोटी-छोटी बात पर, मत करिए तक़रार
सदा यहाँ रहना किसे, जीवन है दिन चार

*

उसको अच्छा जानिए, सबसे अच्छा दान
दाता की जिसमें रहे, सदा गुप्त पहचान

*

भाव विचार सन्देशा, जिस कविता में होय
कविता अच्छी है वही, समझ जाय हर कोय

*

जीवन जीना जटिल है, समझें ना आसान
सुख-दुख हर्ष विषाद का, अद्‌भुत है सामान

*

चन्दा पर पहुँचा दिया, हमने चन्दर यान
गटर सफ़ाई पर अभी, करता है इन्सान

*

गटर साफ़ करते हुए, बड़ा दिखा ना एक
साफ़ सड़क को झाड़ते, नेता मिले अनेक

*

मधुशाला है जगत में, सर्वोच्च पाक़ स्थान
मिलें साफ़ दिल के यहाँ, ज़्यादातर इन्सान

*

सभी संस्था सरकारी, दी सेठों के हाथ
आरक्षण का सवाल ही, ख़त्म हो गया भ्रात

*

दर्शक दीर्घा रिक्त है, मंच पै कवि पचास
कितना बढ़िया देखिए, हास और परिहास

*

चोर लुटेरे ठगों से, की जा सकती आस
नेताओं पर भूल कर, मत करना विश्वास

*

घर वाली से है बड़ा, शिक्षक नहीं है कोय
उसकी है इक डाँट से, टेढ़ा सीधा होय

*

कवियों की तो देश में है भारी भरमार
पर बहुमत के काव्य में दिखता नहीं विचार

*

सुखमय जीवन चाहते यदि जीना है मित्र
बस गुज़ारे लायक ही करिए धन एकत्र

*

पैसा है या जगत में सब रोगों की खान
जाको याते मोह कम सुखी वही इन्सान

*

बौद्धिक तार्किक सोच के भले मित्र हों चार
लाख न ऐसे चाहिए जिनके तुच्छ विचार

*

बहुत अधिक अच्छी नहीं किसी बात की चाह
अपेक्षित यदि नहीं मिला घटे बहुत उत्साह

*

कृतज्ञ अगर ना हो सकें ना होएँ श्रीमान
पर कृतघ्न बन कृती का नहीं करें अपमान

*

बढ़ता लहसुन-प्याज से सब्ज़ी का अति स्वाद
जोड़ धर्म से व्यर्थ में नहीं दे सकें आपको

*

धन संसाधन यन्त्र ख़ुद ही ढूँढ़ने होंगे
ख़ुश रहने के मंत्र करिए नहीं विवाद

*

धर्म और हथियार का जब से हुआ कुसंग
तब से ही है हो गया मोह हमारा भंग

*

क्रिकेट, ऊँचे जनों की है ऊँची दूकान
काहे होता व्यर्थ में आम जन परेशान

*

आदर्श और अनूठा है देश संविधान
कोई भी है पा सके यहाँ सर्वोच्च स्थान

*

मिलें इबादत घरों में बड़े-बड़े हथियार
हिंसा हेतु मज़हब ही असली ज़िम्मेदार

*

सरकारें हैं कर रहीं अति विकास के काम
गली भवन व नगरों के पल में बदलें नाम

*

जल ज़मीन जंगल हेतु प्राण दिये जिन वार
वीर बिरसा आबा को करें नमन शत बार

*

बाल दिवस पै बालको इतना सा बस ज्ञान
तज के सोशल मीडिया देहु शिक्षा पर ध्यान

*

चंचलता मन-धर्म है रोके ना रुक पाय
घट में रहे न प्राण तब स्वत: ही रुक जाय

*

रेडीमेड हमको मिले शुभ सन्देश अनेक
पर काहू ने स्वयं से शब्द लिखा ना एक

*

गूगल पर मत दीजिए मित्रो ज़्यादा ज़ोर
चिंतन प्रवृत्ति अन्यथा हो जाये कमज़ोर

*

आशय बदला प्रेम का प्रेम हुआ स्वच्छन्द
पहले तो सम्बन्ध था आज हुआ अनुबन्ध

*

कविता बविता छोड़ के दो पत्नी पर ध्यान
इससे बड़ा न दूसरा महाकाव्य श्रीमान्

*

अख़बारों के नाम अब चाहिए इस प्रकार
दैनिक चाटुकार और साप्ताहिक दरबार

*

जो जितनी अश्लील दे गाली मित्रो आज
उसको ही है समझता नेता बड़ा समाज

*

दुनिया के जिस देश में बढ़ा धर्म उन्माद
देश हुआ वह पूर्णतः बुरी तरह बरबाद

*

सन्देश प्रेम प्रीत का देते सब त्यौहार
प्रेमपूर्वक मनाइए सारी हदें विसार

*

गुणा-भाग कविता नहीं ना ही मात्रा भार
इसमें होना चाहिए एक समृद्ध विचार

*

अपने-अपने धर्म का बढ़-चढ़ करें प्रचार
पर पर की आलोचना ना करिए बेकार

*

पैमाना यदि काम का जाति धर्म ना होय
आगे अपने देश से दूजा होइ न कोय

*

संविधान को नमन है तिरंगे को प्रणाम
होम हो गये राष्ट्र हित शहीदों को सलाम

*

पता नहीं कब छोड़ दे यह तन ये संसार
जब लौं तन में साँस है करें सभी से प्यार

*

विकसित राष्ट्रों में हो नित वैज्ञानिक खोज
हमारे यहाँ खोजते मन्दिर-मस्जिद रोज़

*

ईर्ष्या की है वजह से बढ़े द्वन्द्व-तकरार
इसकी ही है वजह से बिखर रहे परिवार

*

विदेशों में भी जाकर हम भारत के लोग
फैला देते वहाँ भी जाति-पाँति का रोग

*

बात-बात पर डाँटती अब पत्नी है भ्रात
सर्विस कैसे कर लई तुम पै कुछ ना आत

*

कवि उत्पादन क्षेत्र में अव्वल अपना देश
हर विधा के मिल जायें यहाँ पर कवि विशेष

*

मन्दिर-मस्जिद दें नहीं रोजी-रोटी दाल
व्यर्थ में नहीं उलझिए राज-काज के जाल

*

भाग-2

भावार्थ सहित कुछ सुनी-सुनाई काव्य पंक्तियाँ

चरण धरत चिन्ता करत...

(1)

चरण धरत चिन्ता करत, चितवत चारों ओर
सुबरण को खोजत फिरें, कवि व्यभिचारी चोर

(केशव)

(2)

रहिमन पानी राखिए, बिन पानी सब सून
पानी गयो न ऊबरो, मोती मानुष चून

(रहीम)

(1) उपर्युक्त दोनों उदाहरण श्लेष अलंकार के हैं श्लेष यानी श्लिष्ट = लगा हुआ/चिपका हुआ (अर्थ)। श्लेष अलंकार दो तरह का होता है–सभंग और अभंग। पहला उदाहरण सभंग का है यहाँ पर स्वर्ण शब्द का सन्धि विच्छेद करना पड़ेगा तब अर्थ निकलेगा 'सु + वरण'।

उपर्युक्त दोहा लाला भगवान दीन के अनुसार निम्नवत है–

चरण धरत चिन्ता करत, नींद न भावत शोर
सुबरण को सोधत फिरत, कवि, व्यभिचारी, चोर

यहाँ सुबरण के तीन अर्थ : अच्छे शब्द (कवि सन्दर्भ में), अच्छा रूप-रंग (व्यभिचारी सन्दर्भ में), सोना (चोर सन्दर्भ में)

(2) रहीम जी का उपर्युक्त दोहा अभंग श्लेष अलंकार का उदाहरण है यहाँ पानी शब्द के बिना टुकड़े किये हुए अर्थ निकल आते हैं मोती के सन्दर्भ में चमक, मनुष्य के सन्दर्भ में इज़्ज़त, चून यानी आटे के सन्दर्भ में पानी...

सारंग ने सारंग गह्यो...

सारंग ने सारंग गह्यो, सारंग बोल्यो आय।
जो सारंग सारंग कहे, तो सारंग मुख ते जाय।।

यह काव्य पंक्तियाँ किस कवि की हैं यह जानकारी कहीं मिल नहीं पायी है अगर किसी विद्वान को इसके रचयिता का नाम मालूम हो तो कृपया बतायें इन पंक्तियों का स्वरूप दोहे का है मगर दोहे के लक्षणों को पूरा नहीं करता। यमक अलंकार का एक बहुत अच्छा उदाहरण है। इस दोहे में प्रयुक्त सारंग शब्द के अर्थ = मोर, सर्प और बादल हैं।

भावार्थ इस प्रकार है कि मोर ने साँप को पकड़ लिया (साँप मोर का भोजन होता है)। इतने में बादल गरजने लगे। बादलों की गड़गड़ाहट मोर को बहुत प्रिय लगती है क्योंकि उसे पानी बरसने की आस होने लगती है और इस चाह में वह 'पैको-पैको' की आवाज़ निकालना चाहता है। मगर निकाले तो कैसे निकाले। दुविधा में पड़ गया कि अगर वह आवाज़ करता है तो उसके मुख से सर्प छूट सकता है। इस बात को इस कवि ने बख़ूबी व्यक्त किया है। नमन इस महान कवि को...

भल्ला हुआ जो मारिया...

भल्ला हुआ जो मारिया, बहिणि महारा कन्तु।
लज्जेजं तु वयसि अहु, जइ भग्गा घरु एन्तु।।

अपभ्रंश का यह बहुत ही लोकप्रिय दोहा मुंज रासो (अप्रमाणिक) का है। इसके रचयिता कौन हैं? इसके बारे में ठीक-ठीक जानकारी नहीं मिलती।

राजा मुंज के दरबार में कोई कवि रहा होगा। कुछ का यह मानना है कि यह मुंज का ही दोहा है। बहरहाल इसे प्रख्यात जैनाचार्य हेमचन्द्र सूरि ने अपने सुविख्यात अपभ्रंश के व्याकरण 'हेमचन्द्र शब्दानुशासन' में उदाहरण के तौर पर लिखा है। इस व्याकरण में संस्कृत, प्राकृत व अपभ्रंश तीनों के उदाहरण दिये गये हैं। इस शब्दानुशासन व्याकरण ने हिन्दी व्याकरण के लिए पृष्ठभूमि का काम किया।

हेमचन्द्र का सोलंकी राजा सिद्धराज जयसिंह (संवत 1150-1199) और उनके भतीजे कुमार पाल (1199-1930) के दरबार में काफ़ी मान-सम्मान था।

हिन्दी के आदिकाल/वीर गाथा काल के इस दोहे का भावार्थ है–

"हे बहिन! अच्छा ही हुआ कि मेरा पति रण क्षेत्र में लड़ते हुए मारा गया यदि वह पीठ दिखाकर भाग आता तो मेरी हम उम्र सहेलियों में बड़ी बेइज़्ज़ती होती।"

बिनती राय प्रबीन की...

बिनती राय प्रबीन की, सुनिए शाह सुजान।
जूठी पातर खात हैं, बारी बायस स्वान।।

कहते हैं यह दोहा महाकाव्य रामचन्द्रिका के प्रणेता अलंकारवादी आचार्य कवि केशवदास की शिष्या प्रवीण राय द्वारा अकबर के दरबार में नृत्य प्रस्तुति के दौरान पढ़ा गया था। अन्यतम सुन्दर प्रवीण राय प्रतिभावान कवयित्री के साथ-साथ कुशल नर्तकी भी थीं तथा ओरछा के राजपुत्र इन्द्रजीत सिंह की प्रेयसि थीं। ओरछा के प्रख्यात मन्दिर में केशवदास जी की रचनाओं पर नृत्य प्रस्तुत किया करती थीं।

उसकी सुन्दरता और नृत्य की शोहरत मुग़ल सम्राट अकबर तक पहुँची तो उन्होंने उसे आगरा बुलाने व राज दरबार में नृत्य प्रस्तुत करने के लिए के लिए तत्कालीन ओरछा के शासक मधुकर शाह के माध्यम से बुलावा भेजा। मधुकर शाह परिस्थितियों को देखते हुए मना नहीं कर सका और प्रवीण राय को आगरा भिजवा दिया।

अकबर के दरबार में प्रवीण राय की नृत्य प्रस्तुति आयोजित की गयी प्रस्तुति अद्भुत थी। अकबर प्रवीण राय की प्रस्तुति व अप्रतिम सौन्दर्य को देखकर मोहित हो गया। प्रवीण राय ने अकबर की मंशा भाँपते हुए यह दोहा प्रस्तुत किया–

बिनती राय प्रबीन की, सुनिए शाह सुजान।
जूठी पातर खात हैं, बारी बायस स्वान।।

पातर = पत्तल , बारी = पत्तल, दोना बनाने वाले/निर्धन जन, बायस (वायस) = कौआ, स्वान = कुत्ता।

अकबर संकेत समझ गया और प्रवीण राय को पुरस्कृत कर ससम्मान वापस ओरछा भेज दिया।

(निवेदन है कि इस दोहे को रसास्वादन की दृष्टि से ही पढ़ें, ऐतिहासिकता न खोजें। यह भी कि अकबर के समय में बारी लोग ऐसा करते होंगे, वर्तमान में ऐसा नहीं है। फिर भी बारी समुदाय के लोगों से क्षमा-याचना करते हैं)

बढ़िया पति लडूरा...

हुआ यूँ कि एक महिला अपने आपको सुन्दर समझती थी और पति को ऐसा-वैसा और पगला। नाम उसका लडूरा था और बहुत ही सीधा-सादा था। लडूरा से आए दिन पत्नी व्यर्थ में लड़ती-झगड़ती रहती थी और उल्टा सीधा कहती रहती थी।

एक दिन पत्नी ने सोचा इसे छोड़ देती हूँ, नया पति ढूँढ़ लेती हूँ और नये पति की तलाश में घर से निकल पड़ी। कोस-दो कोस चलने के बाद देखती है कि राम नाम सत्य है कहते हुए सैकड़ों लोग एक व्यक्ति की अर्थी को ले जा रहे हैं। उसने लोगों से जानकारी ली। उन्होंने बताया कि ये अमर सिंह थे। बहुत बड़े आदमी थे। जब उसने सुना अमर सिंह थे और मर गये, अचरज में पड़ गयी और फिर चलने लगी।

आगे देखती है कि एक व्यक्ति हाँफते हुए भागा चला आ रहा है। उससे महिला ने पूछा क्या हुआ भाई? क्यों भाग रहे हो? वह बोला–मैं सैनिक हूँ और सरहद पर भारी युद्ध छिड़ा हुआ है। बहुत लोग मारे गये हैं। मैं डर कर भाग आया हूँ। महिला बोली–क्या नाम है तुम्हारा? आदमी बोला–शूरवीर सिंह। इतना सुन महिला ने सिर पीट लिया। नाम है शूरवीर और रण छोड़कर भागा जा रहा है! ख़ैर! नये पति की तलाश में फिर आगे चलने लगी। कोस भर चलने के बाद देखती है कि एक बड़ा ही हृष्ट-पुष्ट सुन्दर-सा व्यक्ति झाड़ू लगा रहा है तो उसकी उत्कण्ठा जगी और उससे पूछ बैठी, क्या नाम है तुम्हारा? वह बोला–धनपति सिंह। इतना सुनना था कि महिला को बहुत ज़ोर की हँसी आ गयी और नया पति ढूँढ़ने का इरादा छोड़ दिया और घर को यह कहते हुए लौट पड़ी।

अमर सिंह तो स्वर्ग सिधारे, रण से भागौ सूरा।
धनपति सिंह झाड़ू दे रहे, बढ़िया पती लडूरा।।

(ब्रज लोक कथा पर आधारित)

रबूपुरा की पैंठ में...

यह एक रोचक लोक कहावत है जो ब्रजांचल में प्रचलित है। हरेक कहावत की पृष्ठभूमि में कोई-न-कोई कहानी रहती है जिसके आधार पर कहावतें जन्मती हैं।

रबूपुरा वर्तमान में ग्रेटर नोएडा की तहसील जेवर के पास एक बड़ा और प्रख्यात गाँव है। यहाँ पर साप्ताहिक पैंठ (हाट/बाज़ार) लगती है जिसमें आसपास के गाँवों के लोग आकर एक सप्ताह के लिए दैनन्दिन चीज़ें ख़रीद कर ले जाते हैं।

'हुआ यूँ कि पास के गाँव की एक सुन्दर महिला काजर-बिन्दी लगाय। सज-धज के मटकी में देशी घी सिर पर रख के रबूपुरा की पैंठ में बेचने आयी। आकर सबसे पहले लाल सूखी मिर्च बेच रहे एक अधेड़ व्यक्ति के पास जाकर बोली– फूफा यह घी की मटकी रखे जाती हूँ आपके पास। दस रुपये दे दो, चूड़ी पहन के अभी आती हूँ। अब लाला जी तो ख़ुशी के मारे फूले नहीं समाये। बहुत ख़ुश! एक तो सुन्दर महिला और केवल दस रुपये में ही देशी घी से भरी मटकी रखे जा रही है, नुकसान क्या है! सब तरह से फ़ायदा-ही-फायदा!! ख़ुशी-ख़ुशी दस रुपये दे दिये और मिर्च बेचते रहे, साथ ही महिला का इन्तज़ार भी करते रहे। इन्तज़ार करते करते शाम होने को आयी। पैंठ उठने की तैयारी होने लगी पर वह महिला वापस नहीं आयी। अब फूफा जी की बेचैनी बढ़ने लगी, तो उन्होंने सोचा कि चलो घी चखकर तो देख लें। उन्होंने उँगली मटकी में डाली तो देखकर दंग रह गये कि मटकी में पहली पर्त तो घी की थी, बाकी में सूखे हुए कण्डों (उपलों) का चूरा भरा हुआ है। अब तो बहुत परेशान! बन गये बेवकूफ़ क्योंकि वह घी तो दो रुपये की क़ीमत के बराबर भी नहीं था। उन्होंने सोचा कि हो सकता है, भूल गयी हो चलो खोज लेते हैं, सो सिर पर मटकी रखकर पैंठ में आवाज़ लगाते फिरें–

रबूपुरा की पैंठ में मैं कौन कौ फूफा री
घर घर दीये जल गये मेरो नाम सरूपा री।

अब फूफा वाली वहाँ होय तो आवाज़ दे। वह बहुत चतुर-चालाक थी, रुपये लेकर पहले ही जा चुकी थी। अब इस अज़ब-ग़जब दृश्य को देखकर लोग इकट्‌ठे हो गये। जब फूफा जी ने पूरा क़िस्सा सुनाया तो लोग ठट्‌ठा मार कर हँसने लगे। फूफा जी की बेवक़ूफ़ी और लपकागीरी पर। तब से यह कहावत प्रसिद्ध हो गयी।

दिन को माखी, रात मसो।

दिन को माखी, रात मसो।
कहा देखि बसेलो बसो।।

जी हाँ यह कहावत बदायूँ जनपद के बसेला गाँव से सम्बन्धित है। भाषा-बोली की दृष्टि से बदायूँ ब्रजभाषा का क्षेत्र है। बसेला रामगंगा नदी के निचान वाले क्षेत्र में बसा हुआ है। जहाँ अमूमन हर वर्ष बरसात में बाढ़ आ जाती है। एक वर्ष स्थिति ज़्यादा ही ख़राब हो गयी और पूरा इलाक़ा जलमग्न हो गया। यहाँ तक कि आने-जाने के लिए नाव चलानी पड़ीं। बात प्रशासन तक पहुँची तो कलेक्टर महोदय अमले के साथ हाथी पर बैठ कर निरीक्षण करने आये। उन दिनों हाथी के अलावा और कोई अच्छा वाहन था भी नहीं। उस समय हवाई जहाज़ और हेलीकाप्टर तो थे नहीं आज की तरह अन्यथा हवाई सर्वेक्षण हो जाता बस...

कलेक्टर साहब के अमले में एक कवि हृदय कर्मचारी भी था। बसेला में मक्खी-मच्छरों का साम्राज्य था। उन्होंने ग्राम प्रधान से पूछा–

दिन को माखी रात मसो।
कहा देखि बसेलो बसो।।

ग्राम प्रधान भी कवि हृदय थे उन्होंने जवाब दिया–

दारि भात मछरी को रसो
जाहि देखि बसेलो बसो

कलेक्टर साहब ने अर्थ जानना चाहा तो सहकर्मी ने बताया सर! मैंने इनसे पूछा कि दिन में यहाँ मक्खियों की भरमार और रात में मच्छरों का आतंक रहता है ऐसी विषम परिस्थितियों में भी यह गाँव बसेला यहाँ क्यों बसा है? ग्राम प्रधान ने बताया है कि यहाँ दाल चावल और मछली (रसो = करी/ तरी /झोल) जो कि यहाँ के लोगों का पसन्दीदा भोजन है और इन खाद्य-पदार्थों की यहाँ है प्रचुर मात्रा में उपलब्धता।

इस लिए विषम परिस्थिति होते हुए भी यहाँ के लोगों का अन्यत्र जाने का मन ही नहीं करता। इस वजह से बसेला गाँव यहाँ बसा। यह सुनकर कलेक्टर साहब को हँसी आ गयी और अपने मातहतों को फ़ौरन यथा आवश्यक राहत सामग्री और समुचित व्यवस्था करने के आदेश दे दिये।

(इस कहावत की पृष्ठभूमि मित्र श्री बी.पी. सन्त ने बतायी जो इसी क्षेत्र के रहने वाले हैं।)

खीर पकाई जतन से...

अमीर ख़ुसरो हिन्दी के पहले कवि माने जाते हैं। अमीर ख़ुसरो का वास्तविक नाम अबुल हसन यमीनुद्दीन मुहम्मद ख़ुसरो था। अमीर की उपाधि उनकी एक हास्य व्यंग्य कविता पर ख़ुश होकर जलालुद्दीन फीरोज़ खिलजी ने दी थी। वे उ.प्र. के एटा (अब कासगंज) के छोटे से क़स्बे पटियाली के रहने वाले थे। भाषा की दृष्टि से यह क्षेत्र ब्रजभाषा के अन्तर्गत आता है। अमीर ख़ुसरो बहुआयामी व्यक्तित्व के कवि थे। कव्वाली विधा के वे प्रवर्तक माने जाते हैं। उन्होंने ब्रजभाषा को लेकर भी अभिनव प्रयोग किये। ब्रज और फ़ारसी को मिला-जुला कर भी ग़ज़ल लिखी, कव्वाली लिखी।

बड़ी कठिन है डगर पनघट की,
कैसे मैं भर लाऊँ मधवा से मटकी।
पनिया भरन को मैं जो गयी थी,
दौड़ झपट मोरी मटकी पटकी।।

अलीगढ़ के कव्वाल हबीब पेंटर ने इसे अपने अनूठे अन्दाज़ में गाया कि कव्वाली कालजयी बन गयी और ख़ुसरो साहब के साथ हबीब पेंटर भी अमर हो गये।

उन्होंने मुकरियाँ पहेलियाँ भी लिखीं, दोहे लिखे, कालजयी दोहे लिखे, खड़ी बोली का प्रयोग भी कविता में उन्होंने ही शुरू किया–

एक नारि ने अचरज कीया
साँप मार बग़ल में दीया। (पहेली)

संसार के पहले आशु कवि (Spontaneous) थे अमीर ख़ुसरो। उक्त दोहा आशु कविता का एक आदर्श उदाहरण है।

हुआ यूँ कि एक बार अमीर ख़ुसरो जा रहे थे। चलते-चलते उनको प्यास लगी। देखा कि पास में पनघट पर कुछ पनिहारनें पानी भर रही हैं। वहाँ जाकर उन्होंने पानी पिलाने के लिए अनुरोध किया। उनमें से एक ने पहचान लिया कि ये तो अमीर ख़ुसरो जैसे लग रहे हैं। तब तक अमीर ख़ुसरो की क्षेत्र में आशु कवि के रूप में प्रसिद्धि हो चुकी थी। महिला बोली–साब, आप तो आशु कवि अमीर ख़ुसरो हैं। तुरन्त कविता लिख देते हैं। अगर बुरा न मानें तो मैं आपको एक शब्द देती हूँ–खीर, इस पर कविता लिखकर सुनायें तो मैं सहर्ष पानी पिला दूँगी। जब अन्य महिलाओं को आशु कविता के बारे में पता चला तब उन्होंने भी अपने-अपने शब्द क्रमशः चरखा, कुत्ता और ढोल दे दिये और उन पर भी कविता सुनाने का अनुरोध किया। चार महिलाएँ चार शब्द और अकेले अमीर ख़ुसरो, फँस गये बेचारे! आज परीक्षा की असली घड़ी!! अमीर ख़ुसरो बोले, ठीक है। सुनिए–

खीर पकाई जतन से, चरखा दिया चलाय
आया कुत्ता खा गया, तू बैठी ढोल बजाय।
लाओ पानी देउ पिलाय।

चारों शब्दों को जोड़ कर सार्थक समस्या पूर्ति का बेजोड़ दोहा। चारों महिलाएँ ख़ुश! चारों ने पानी पिलाया और इस दोहे को कालजयी बनाया। नमन अप्रतिम कवि अमीर ख़ुसरो को।

सीखे कहाँ नवाब जू...

सीखे कहाँ नवाब जू, ऐसी देनी दैन।
ज्यों ज्यों कर ऊँचौ कियो, त्यों त्यों नीचे नैन।।

–गंग

देनदार कोऊ और, देत रहत दिन रैन।
लोग भरम हम पर करें, ताते नीचे नैन।।

–रहीम

गंग यानी कि गंगाधर भट्ट राव तथा रहीम यानी कि अब्दुल रहीम ख़ानख़ाना। दोनों ही कवि अकबर के दरबार से सम्बद्ध माने जाते हैं। गंग (1538-1625) का जन्म इटावा के इकनौर गाँव में हुआ था। रहीम (1556-1627) अकबर के संरक्षक और सेनापति बैरम खाँ के पुत्र थे। रहीम कुशल सेनापति रणबाँकुरे के साथ-साथ बेजोड़ कवि भी थे। बड़े दानवीर थे, जो भी आता ख़ाली हाथ नहीं जाता। कवियों, कलाकारों की संगति पर ख़ूब धन ख़र्च करते थे। ऐसी दानशीलता देखकर गंग ने इनसे कहा–

सीखे कहाँ नवाब जू, ऐसी देनी दैन।
ज्यों ज्यों कर ऊँचा कियो, त्यों त्यों नीचे नैन।।

अर्थात् गंग कवि ने रहीम जी से पूछा–हे दानवीर (नवाब)! यह बताओ कि आप दिन-रात दान करते रहते हैं, खुले हाथ से दान करते रहते है, उदारता से दान करते रहते है, फिर भी आपका सिर नीचे ही झुका रहता है। आपके नेत्र नीचे को ही झुके रहते हैं। ऐसा हुनर, ऐसी कला, ऐसी दानशीलता आपने कहाँ से सीखी है?

रहीम जी ने उत्तर दिया–

देनदार कोई और है, देत रहत दिन रैन।
लोग भरम हम पर करें, ताते नीचे नैन।।

अर्थात् मैं नहीं देता, देने वाला तो कोई और ही है। वे कोई अदृश्य शक्ति है जो अनवरत दिन-रात देती रहती है और लोगों को भ्रम रहता है कि मैं देता हूँ।

देखा आपने? रहीम की विनम्रता कवियों की वाग्विदग्ता, अद्भुत काव्य सौन्दर्य और हिन्दी की विशिष्टि!

गागर में सागर...वाला कवि : बिहारी

कन दैबौ सौंप्यो ससुर; बहू थुरहथी जानि।
रूप रहँचटो लगि लगौ, माँगन सबु जगु आनि।।

बिहारी ने कोई महाकाव्य नहीं रचा मगर वे महाकवि हैं। उनके द्वारा विरचित सतसई का एक-एक दोहा महाकाव्यों के एक-एक सर्ग से भी ज़्यादा वज़नदार है। लोकप्रियता के लिए न तो महाकाव्य की ज़रूरत है नहीं विपुल लेखन की। कई रचनाकार ऐसे हैं जो मात्र एक दोहे से ही अमर हो गये।

अमीर ख़ुसरो	:	गोरी सोवे सेज पर...
कबीर	:	ढाई आखर...
रविदास	:	प्रभु जी तुम चन्दन हम पानी...
रसलीन	:	अमिय हलाहल मद भरे...
मलूकदास	:	**अजगर करे ने चाकरी...**

दोहे से अमर हैं शेख और आलम ने एक दोहा दोनों ने मिलकर लिखा 'कनक छरी-सी कामिनी...' और अमर हो गये। नरोत्तमदास जी सुदामा चरित के 'ऐसे बिहाल बिबाइन सौं भये...' से, भारतेन्दु 'निज भाषा उन्नति अहै...' सनेही जी 'जो भरा नहीं है भावों से...', मलूकदास ने सिर्फ़ 'अजगर करे न चाकरी...' से अमर हो गये और भी ऐसे बहुत से उदाहरण हैं।

बिहारी अपनी वाग्विदग्धता व सामासिकता के लिए जाने जाते हैं। उन्होंने 48 मात्रा के दोहे में पूरी-पूरी लोक कथाओं को पिरो दिया है, जैसे कि उक्त दोहे में देखा जा सकता है।

उपर्युक्त दोहे में दो शब्द हैं–कन और थुरहथी

(कन = अनाज व थुरहथी = छोटे हाथ वाली)

हुआ यूँ कि एक गाँव में बहुत बड़े ज़मींदार रहते थे। उनके यहाँ एक परम्परा थी कि जो भी याचक उनके दर पर आता था। उसे वे अंजलि भरकर अनाज का दान

देते थे। एक बार क्षेत्र में सूखा पड़ गया। अनाज बहुत कम पैदा हुआ। उससे उनके घर का ख़र्च ही चल सकता था। अब वे बड़े परेशान परम्परा कैसे जारी रखी जाये। बन्द हुई तो बदनामी होगी। उनको एक युक्ति सूझी। क्यों न अन्न दान का काम अल्प वय की पुत्रवधू को सौंप दिया जाये। उसके हाथ छोटे हैं लिहाजा अनाज कम जायेगा और इस तरह समायोजन हो जायेगा और इतने में नयी फ़सल आ जायेगी। हमारी इज्जत बची रहेगी। यह सब सोच कर दूसरे दिन से बहू को अन्न दान वाला काम सौंप दिया।

जैसे ही बहू ने अनाज दान का काम शुरू किया, माँगने वालों का ताँता लग गया। हज़ार आयें, हज़ार जायें। कारण कि बहू अप्रतिम सुन्दर थी। लोग माँगने नहीं, माँगने के बहाने बहू को देखने के लिए आने लगे। क़तारें लग गयीं माँगने वालों कीं। अन्दाज़ा लगाइए ससुर की हालत क्या हुई होगी...

सच है न बिहारी ने गागर में सागर भर दिया है।

वदन और बदन

(वदन = मुख और बदन = शरीर)

राम, लक्ष्मण और सीता तीनों वन को जा रहे हैं। तीनों अप्रतिम सुन्दर थे। वनवासी महिलाएँ तीनों को देखने के लिए जमा हो जाती हैं और सीता जी से लक्ष्मण और रामचन्द्र जी का परिचय पूछती हैं।

पहले लक्ष्मण का परिचय पूछती हैं–ये जो बहुत सुन्दर हैं ये आपके कौन लगते हैं?

कोटि मनोज लजावन हारे,।
कहहु सुमुखि को आहि तुमारे।।

सीता जी ने जवाब दिया–

सील सुभाय सुभग तन गोरे।
नाम लखन लघु देवर मोरे।।

यानी जो बहुत सुन्दर हैं जिन पर करोड़ों कामदेव न्योछावर होते हैं सौम्य हैं, बड़भागी हैं ये मेरे छोटे देवर लक्ष्मण हैं।

फिर महिलाएँ उनसे श्री रामचन्द्र का परिचय पूछती हैं–जो बड़े हैं, प्रौढ़ हैं, ये आपके कौन लगते हैं? हमारे यहाँ परम्परा रही है (ग्रामीण क्षेत्रों में आज भी देखी जा सकती है) कि महिलाएँ अपने पति का नाम नहीं लेती हैं, संकेतों से बताती हैं। सीता जी ने इस परम्परा का निर्वाह करते हुए घूँघट किया–

बहुरि वदन विधु अंचल ढाँकी।
पिय तन चितइ भौंह कर बाँकी।।

संकेत में बता दिया ये मेरे पति हैं और वर्तमान युग की नागरी सीता अपने पति राम का परिचय कराती तो इस तरह कराती–

Meet him he is my husband,

Mr Ram.

अब बदन = शरीर, का उदाहरण देखिए, सुरसा और हनुमान प्रसंग से

जस जस सुरसा बदन बढ़ावा।
तास दून कपि रूप दिखावा।।

सीता जी की खोज में गये हनुमान जी की परीक्षा लेने के लिए देवताओं ने सुरसा को भेजा। सुरसा ने हनुमान जी की परीक्षा ली। हनुमान जी उसकी परीक्षा में पास होकर अपनी लक्ष्य प्राप्ति की ओर निकल गये...

दो लम्ब नहीं दो तिरछ नहीं...

ब्रज की यह एक लोक कहावत है जिसमें व्यापारिक कला को बड़े रोचक और काव्यात्मक ढंग से निरूपित किया गया है। हुआ यूँ कि एक आदमी के पास एक खाट (चारपाई) थी वह बहुत पुरानी हो गयी उसमें लगी लगभग सारी सामग्री ख़राब हो गयी। केवल एक पाया (पैर) अच्छी हालत में रह गया। उसे वह बेचना चाहता था। अब अकेले केवल एक पैर को कौन ख़रीदेगा। उसने पाये को बेचने के लिए पूरी खाट (माचा) का रूपक गढ़ा और पैंठ (साप्ताहिक बाज़ार) में बेचने के लिए पहुँच गया और कन्धे पर रखकर सुरीली मगर तेज़ आवाज़ में कहने लगा–

दो लम्ब नहीं दो तिरछ नहीं, तीन नहीं हैं पाए;
बीच का झाबर झल्ल नहीं, माचा ले मन भाए।।

दो लम्ब नहीं यानी कि दोनों पाटी (खाट में प्रयुक्त होने वाली बड़ी भुजाएँ) नहीं हैं। दो तिरछ नहीं यानी दोनों सिरे (छोटी भुजाएँ सिरे मतलब सिरहाने/सिर और पैर की तरफ़ लगने वाली) नहीं हैं और **तीन नहीं हैं पाये** यानी खाट में प्रयुक्त होने वाले चार पैरों (पाये) में से तीन पैर भी नहीं हैं।

बीच का झाबर झल्ल = खाट का मुख्य भाग यानी जेबरी/अतरामन (खाट बुनाई के लिए मूँज या सन की रस्सी) वह भी नहीं है। फिर आख़िरकार है क्या जिसे वह बेचना चाह रहा है उसके पास था मात्र एक पैर (पाया)।

अब अकेले एक पाये को कैसे बेचता। लोग हँसी उड़ाते इसलिए उसने बड़ी होशियारी से पूरी खाट का रूपक गढ़ लिया और माचा बताकर बेचने लगा और सफल हो गया, पाया बिक गया।

निश्चित ही यह सरस और सार्थक काव्यात्मक कहावत लोक कवि की रचना है लोक कवि को नमन। देखी आपने विज्ञापन कला? इसके सामने प्रिंट और इलेक्ट्रॉनिक मीडिया पर आने वाले सारे विज्ञापन फेल! आदमी में कला होनी चाहिए, इसके लिए डिप्लोमा/ डिग्रियों की आवश्यकता नहीं है

माचा ले मन भाए...

अमिय हलाहल मदभरे...

अमिय हलाहल मदभरे, स्वेत स्याम रतनार;
जियत मरत झुकि झुकि परत, जिहिं चितवत इक बार।।

–रसलीन

यह बहु चर्चित दोहा रीति कालीन कवि रसलीन यानी सैयद गुलाम नबी रसलीन बिलग्रामी (1689-1750) का है। रसलीन हरदोई के बिलग्राम गाँव के रहने वाले थे. विशुद्ध रीतिवादी कवि थे 'अंग दर्पण' और 'रस प्रबोध' दो संग्रह हैं आपके, जो दोहा छन्द में ही हैं। 'अंग दर्पण' में नायिका भेद का सूक्ष्म निरूपण किया गया है। 'रस प्रबोध' रस निष्पत्ति का बहुत ही अच्छा ग्रन्थ है। काव्यशास्त्र के विद्यार्थियों के लिए उपयोगी संग्रह है यह। फुटकर सवैया व कवित्त भी लिखे हैं रसलीन ने। इनके दोहों में बिहारी जैसी ही सामासिकता व वाक् विदग्धता है। यही कारण है कि उक्त दोहे को अधिकांश साहित्यिक बिहारी का ही समझ लेते हैं। इनकी भाषा प्रांजल ब्रजभाषा है।

इनके सवैया और कवित्त पद्माकर, रत्नाकर व मतिराम जैसी रस सिक्तता व सरसता लिए हुए हैं। पता नहीं आलोचकों ने संज्ञान क्यों नहीं लिया! ख़ैर, संज्ञान लिया न लिया, कोई महाकाव्य लिखा, न लिखा मगर उन्हें ख्याति महाकवियों से कम नहीं मिली। किसने कितना लिखा यह मायने नहीं रखता। किसने कितना सार्थक व जनता का साहित्य लिखा, यह मायने रखता है। हिन्दी साहित्य में महाकाव्य लिखने वाले अनेक महाकवि हैं, जनता उन्हें जानती तक नहीं। गुलेरी जी मात्र एक कहानी 'उसने कहा था' से अमर हो गये, नरोत्तमदास मात्र एक कवित्त 'ऐसे बिहाल बिबाइन सौं भये...' से लोकप्रिय हो गये। आलम और शेख़ दोनों ने मिलकर एक दोहा 'कनक छरी सी कामिनी...' लिखा और हिन्दी साहित्य में अपना नाम दर्ज़ कराने में सफल हो गये। ठीक इसी प्रकार रसलीन उक्त दोहे के कारण अमर हो गये।

आख़िर यह दोहा इतना लोकप्रिय क्यों हुआ? कुछ विशिष्टि ज़रूर होगी इसमें। आइए! चर्चा करते हैं।

यथा संख्या (यथा क्रमिक भी) अलंकार का अद्वितीय उदाहरण है यह दोहा। यथा संख्या अलंकार में पहले कुछ तथ्य या वस्तु का उल्लेख किया जाता है। उसके बाद क्रमशः उनकी विशेषताएँ बतायी जाती हैं। इस दोहे में ख़ासकर नेत्र भंगिमाओं की विशिष्टियाँ बतायी गयी हैं। दोहे का अर्थ मेरी दृष्टि से यह है–

दोहे की अर्धाली में तीन वस्तुएँ बतायी गयी हैं–

अमिय = अमृत, हलाहल = विष, मदभरे = प्रेम (नेत्र भी)

आगे की अर्धाली में तीनों का रंग–

अमृत = सफ़ेद, विष = काला और प्रेम = लाल बताया गया है।

दूसरी पंक्ति में इन तीनों के एक बार उपयोग/सेवन करने से परिणाम क्या निकलता है, बताया गया है। अमृत की एक बूँद पीने से ही आदमी जियत यानी जी उठता है। हलाहल की एक बूँद पीने से मरत यानी मृत्यु को प्राप्त हो जाता है और मदभरे यानी प्रेम, प्रेम पाने के बाद झुकि-झुकि परत यानी कि बार-बार मिलने की उत्कट इच्छा जाग्रत हो जाती है।

देखा आपने इस अड़तालीस मात्रा के दोहे में कितना सार समाहित कर दिया गया है! कितना रस भर दिया है रसलीन ने। इन सभी विशिष्टियों के कारण ही हिन्दी साहित्य में यह कालजयी दोहा व रसलीन दोनों दर्ज़ हो गये हैं।

नमन महान कवि रसलीन को...

कनक छरी सी कामिनी...

पिछले पोस्ट में हमने लिखा था कि कवि रसलीन मात्र एक ही दोहे 'अमिय हलाहल मदभरे...से हिन्दी साहित्य में अपना नाम दर्ज़ कराने में सफल हो गये और अमर हो गये।

अब लीजिए! आलम और शेख़ को। इन दोनों ने मिलकर उक्त एक दोहा लिखा और मात्र इस दोहे के कारण दोनों को जो ख्याति मिली। वह बड़े-बड़े पोथे लिखने वालों को नसीब नहीं हुई। यह मायने नहीं रखता कि किसने कितना लिखा मायने यह रखता है कि पाठक, श्रोता, प्रेक्षक या भावक को कितना भाया। पाठक ने कितना साधारणीकृत किया।

अब हम उक्त दोहे की रचना प्रक्रिया की चर्चा करते हैं। आलम, जिनका असली नाम लालमणि था, औरंगजेब के दूसरे बेटे मुअज्जम के दरबारी कवि थे। ब्रजभाषा के अप्रतिम कवि। कुछ इतिहासकारों ने आलम नाम के दो कवियों का उल्लेख किया है–एक आलम अकबर के ज़माने में और भी थे, मगर अधिकतर औरंगज़ेब वाले आलम जी को ही मानते हैं। आलम ने तीन प्रबन्ध काव्य–माधवनल कामकन्दला, श्याम स्नेही व सुदामा चरित तथा एक मुक्तक संग्रह 'आलमकेलि' लिखे। आलम ने प्रबन्ध काव्य चौपाई, दोहा और सोरठा छन्दों में लिखे हैं मुक्तक संग्रह में बेजोड़ कवित्त और सवैया लिखे हैं। प्रेम की तन्मयता में वे रसखान और घनानन्द सरीखे हैं।

हुआ यूँ कि लालमणि जी ने दोहे की पहली पंक्ति-*कनक छरी सी कामिनी, काहे को कटि छीन* तो लिख ली मगर दूसरी पंक्ति बन ही नहीं पा रही है तो यह पंक्ति लिख कर अपने साफ़े (पगड़ी) में टाँक ली।

इस पंक्ति का भावार्थ यह है कि–

'नायिका की काया स्वर्ण की छड़ी जैसी है, स्वर्ण वल्लरी है सोने की आभा-सी दीप्त है इकसरी है मगर इसकी कमर पतली क्यों है?'

कुछ दिन बाद उन्होंने यह साफ़ा रँगने के लिए रंगरेज़ को दे दिया। रंगरेज़ की युवा बेटी शेख़ भी इस कार्य में पिता जी का हाथ बँटाती थी। वह एक प्रतिभावान कवयित्री भी थी। जब उसने साफ़ा खोला तब यह पंक्ति लिखी देखी और मन-ही-मन मुसकराई तथा दूसरी पंक्ति–

कटि कौ कंचन काट बिधि, कुचन मध्य धर दीन।

लिख कर साफ़ा रँग कर, साफ़े के साथ टाँक दी। इस पंक्ति का भावार्थ यह है कि–

"नायिका की कमर इसलिए पतली है कि कमर का हिस्सा काट कर विधाता ने *कुचन मध्य धर दीन* यानी कि वक्षस्थल (स्तनों) पर लगा दिया है।"

कामिनी की काया का सूक्ष्म विवेचन कामिनी ही कर सकती है। अब पूरा दोहा इस तरह हो गया–

कनक छरी सी कामिनी, काहे को कटि छीन।
कटि कौ कंचन काट बिधि, कुचन मध्य धर दीन।

आलम और शेख़

जैसे ही लालमणि जी ने शेख़ रचित पंक्ति पढ़ी, ख़ुशी के मारे वे उछल पड़े और भागे-भागे गये रंगरेज़ के पास। पूछा, यह पंक्ति किसने लिखी है? वे बोले, भाई! मैं तो लिखना-पढ़ना जानता नहीं हूँ, हो सकता है बेटी ने लिख दी हो। बेटी से पूछा तो बोली–हाँ, मैंने लिखी है। अब तो लालमणि जी पागल हो गये। और रंगरेज़ से बेटी का हाथ माँगने लगे। रंगरेज़ बोला पण्डित जी! पहले क़लमा पढ़ लो फिर शादी की बात करो। पण्डित जी तुरन्त तैयार हो गये और क़लमा पढ़ लिया यानी धर्म परिवर्तन कर लिया और लालमणि से आलम हो गये।

वैसे भी प्रेम के आगे जाति-धर्म कोई मायने नहीं रखते। ये सब वाहियात चीज़ें हैं जो इन्सान इन्सान में केवल भेद पैदा कराती हैं। यह अच्छी बात थी कि उस समय लव जेहाद जैसा मामला नहीं था अन्यथा फँस जाते।

अब दोनों मिलकर लिखने लगे। 'आलम केलि' में बहुत-सी रचनाएँ शेख़ की हैं जिनमें छाप शेख़ की लगी है वे तो हैं ही। शेख़ बहुत ही प्रतिभाशाली और हाज़िर जवाब थीं। एक बार बादशाह ने मज़ाक़िया लहजे में पूछा–आलम की औरत आप ही हैं? शेख़ ने जवाब दिया–जी हाँ, जहाँपनाह 'जहान की माँ मैं ही हूँ'। जहान बेटे का नाम था। शेख़ की कृतियों के बारे में ज़्यादा पता नहीं चलता।

कुछ इतिहासकार इस कहानी को मन गढन्त बताते हैं। कुछ भी हो, गढन्त हो या मनगढन्त, दोहा श्रृंगार रस का बेजोड़ उदाहरण है। शानदार है, जानदार और तार्किक है। इसीलिए तो लोकप्रिय हुआ हिन्दी साहित्य और जनमानस में।

आलम और शेख़ दोनों को नमन

मगर शेख़ को दो बार नमन क्योंकि अगर वे दूसरी पंक्ति नहीं लिखतीं तो सम्भवत: यह दोहा पूरा ही नहीं हो पाता, पूरा करना आलम के वश की बात नहीं थी। इसलिए आलम को जो प्रसिद्धि मिली, वह शेख़ की बदौलत मिली। कहावत ठीक ही है कि 'प्रत्येक सफल व्यक्ति के पीछे किसी-न-किसी महिला का हाथ होता है।'

(कृपया साहित्य की दृष्टि से ही पढ़ें)

धूर धरत नित सीस पर...

धूर धरत नित सीस पर, कहु रहीम किहिं काज।
जिहि रज मुनि पत्नी तरी, सो ढूँढ़त गजराज।।

जब दोहों की चर्चा होती है, तब हिन्दी साहित्य में सबसे बड़ा नाम कबीर का आता है। कबीर के दोहे वैज्ञानिक, तार्किक व वैचारिक हैं। कबीर के बाद रहीम जी–इनके दोहे नीतिपरक हैं और पौराणिक कथाओं के माध्यम से सन्देश देते हैं। तदनन्तर बिहारी जी आते हैं। बिहारी जी के दोहे श्रृंगारपरक हैं सामासिकता और वाग्विदग्ता लिए हुए हैं।

अब्दुर्रहीम ख़ानख़ाना (1556-1626) रचित यह दोहा हिन्दी साहित्य के लोकप्रिय दोहों में से एक है। रहीम जी अकबर के संरक्षक और सेनापति बैरम खाँ के पुत्र थे। हिन्दी साहित्य में अनेक ऐसे दोहे, सवैया, बरवै, साखी आदि रचनाएँ हैं जिनका अर्थ बिना सन्दर्भ के समझ पाना मुश्किल होता है। बिहारी, कबीर, दरिया आदि कवियों के बड़ी संख्या में इस तरह के दोहे लिखे हैं।

प्रस्तुत दोहा भी ऐसा ही है। इसमें पौराणिक कथा : गौतम ऋषि की पत्नी अहल्या के उद्धार का सन्दर्भ निहित है। 48 मात्रा के इस दोहे में रहीम जी ने बख़ूबी पूरी पौराणिक कथा को पिरो दिया है।

भावार्थ इस प्रकार है–'हे रहीम, यह बताइए कि यह हाथी रोज़ाना अपनी सूँड़ में ज़मीन से धूल भरता है और अपने शरीर पर उड़ेल लेता है, ऐसा क्यों करता है?'

रहीम जी उत्तर देते हैं–

ऐसा करके यह उस धूल (रज) को ढूँढ़ता है जिसने गौतम मुनि की पत्नी अहल्या का उद्धार किया था। अगर वह रज मिल जाये तो इसका भी उद्धार हो जाये।

आनन की ओर चले...

आनन की ओर चले आवत चकोर मोर,
बार बार दौर दौर बेनी झटकत हैं।
'शंकर' उरोजन पै बैठ बैठ राजहंस,
हीरन के हार तोर तोर पटकत हैं।
झूम झूम चखन को चूम चूम चंचरीक,
लटकी लटन से लिपट लटकत हैं।
आज इन बैरिन सों बन में बचावै कौन,
अबला अकेली मैं अनेक अटकत हैं।

–नाथूराम शंकर शर्मा

समस्या पूर्ति का उत्कृष्ट उदाहरण है। यह गया प्रसाद शुक्ल सनेही जी के ज़माने की बात है। ब्रज तथा अवध के क्षेत्र में पिंगल के दंगल हुआ करते थे और उनमें सारी रचनाएँ पिंगल यानी काव्य शास्त्र की दृष्टि से हुआ करती थीं। इन काव्य दंगलों को 'फूलडोल' कहा जाता था। दंगल शुरू होने से पहले एक समस्या पूर्ति दी जाती थी जिसमें एक पंक्ति होती थी, जो कविता के बाद में आनी होती थी और समस्या पूर्ति कवित्त या सवैया में हो तो ज़्यादा अच्छी मानी जाती थी। डोल फूल परम्परा ब्रज क्षेत्र में ख़ासकर अलीगढ़ जनपद में 1975 तक चलती रही। इस तरह के तीन-चार डोल फूल कार्यक्रमों में मुझे भी शरीक होने का सौभाग्य प्राप्त हुआ।

वर्ष 1936 की बात है। फर्रुखाबाद में कवि सम्मेलन था जिसकी अध्यक्षता तत्कालीन अंग्रेज कलेक्टर ने की थी और उसमें समस्या पूर्ति की पंक्ति दी गयी थी। 'अनेक अटकत हैं' यानी छेड़छाड़ करते हैं। अनेक कवियों ने समस्या पूर्ति की। निर्णायकों ने नाथूराम शंकर शर्मा (हरदुआगंज,

अलीगढ़) की उक्त समस्या पूर्ति को प्रथम पुरस्कार दिया। इस समस्या पूर्ति का भावार्थ इस प्रकार है–

नायिका चाँदनी रात में अकेली जा रही है। नायिका का मुख-मण्डल बहुत ही सुन्दर है, चन्द्रमा जैसा गोल-मटोल है चकोर और मोर चन्द्रमा के प्रेमी माने जाते हैं। वे समझते हैं कि ये चन्द्रमा जा रहा है और नायिका की बेनी को बार-बार पकड़ कर झटकते हैं और राज हंस नायिका के वक्ष स्थल को मानसरोवर समझते हैं और नायिका के गले में पड़े हुए हीरों के हार को बार-बार तोड़ते-पटकते हैं तथा भौंरे समझते हैं कि गुलाब का फूल जा रहा है। अत: वे गुलाब के पराग का आस्वादन करने की चाह में नायिका के मुख-मण्डल के इर्द-गिर्द लटकी हुई लटों को बार-बार चूमने की कोशिश करते हैं। इस तरह बियाबान वन में चारों तरफ़ से घिरी हुई अकेली नायिका कहती है–

आज इन बैरिन सों बचावे कौन,
अबला अकेली मैं अनेक अटकत हैं।

देखा आपने! कितनी रोचक शैली की अभिव्यक्ति में समस्या पूर्ति की है। महाकवि नाथूराम शंकर शर्मा जी ने। शत-शत प्रणाम...

ख़ूब बनायो आपने...

हुआ यह कि एक बार एक सेठ जी को कवि सम्मेलन का अध्यक्ष बना दिया गया। अक्सर पहले यही हुआ करता था कि कवि सम्मेलन के आयोजन के लिए जो सेठ/ धनाढ्य व्यक्ति ज़्यादा धन राशि देता। उसे उस कवि सम्मेलन का अध्यक्ष बना दिया जाता था। ज़माना भी ऐसा ही था कि आयोजक को ऐसा ही कोई जुगाड़ करना पड़ता था। चन्दा इकट्ठा करना बड़ा झंझट वाला काम था और है। इसलिए किसी एक धनवान व्यक्ति को ढूँढ़ लिया जाता था और कवि सम्मेलन हो जाता था।

अब सन्दर्भित कवि सम्मेलन की बात सुनिए। उस कवि सम्मेलन में यह तय हुआ कि इस कवि सम्मेलन की पूरी कार्यवाही कविता में होगी। स्वागत भाषण से लेकर अध्यक्षीय भाषण तक सब कुछ कविता में होगा। सेठ जी का कविता से कोई लेना-देना नहीं था। कवि सम्मेलन शुरू हुआ। स्वागत भाषण कविता में, संचालन कविता में। अब बारी आयी अध्यक्ष महोदय की। तो बड़े परेशान उन्होंने बैठे-बैठे एक तुकबन्दी कर ली थी और मन-ही-मन बोले, जो होगा सो देखा जायेगा; तुकबन्दी को सुनाये देता हूँ और यह पढ़ दिया–

ख़ूब बनायो आपने घुग्घू चेयरमैन
कबिता करिबो कठिन है वो वा पै आवैन

इतना पढ़ना था कि अट्टहास के साथ पाण्डाल तालियों की गड़गड़ाहट से गूँज उठा। पाँच मिनट तक श्रोता खड़े होकर तालियाँ बजाते ही रहे और क्यों न बजाते, काव्यशास्त्र की दृष्टि से दोहा सौ फीसदी सही था।

देखा आपने संगत का प्रभाव। रहीम जी ने ठीक ही कहा है–

कदली सीप भुजंग मुख स्वाति एक गुन तीन
जैसी संगत बैठिए तैसोई फल दीन

(दोहा, श्री नारायण चतुर्वेदी सम्पादित 'साहित्यिक संस्मरण' पुस्तक से उद्धृत)

सबहिं कटक सूरा...

सबहिं कटक सूरा नहीं कटक माहिं इक सूर
दरिया पड्यो पतंग ज्यों जब बाजौ रण तूर

–दरिया साहेब

दरिया साहेब नाम से दो कवि हुए हैं। एक बिहार के आरा/रोहतास के आसपास के रहने वाले थे। दूसरे राजस्थान मेड़ता/नागौर के रहने वाले थे। दोनों ही निर्गुणिया थे। इस्लाम धर्म मानने वाले धुनिया ज़्यादा प्रामाणिक साहित्य नहीं मिलता। किंवदन्तियों के आधार पर लोक श्रुत पद साखी या दोहे मिलते हैं। डॉ. विजयेन्द्र स्नातक ने हिन्दी साहित्य के इतिहास में राजस्थान वाले दरिया साहेब का उल्लेख किया है। उक्त दोहा भी उन्हीं का बताया जाता है। उक्त अड़तालीस मात्रा के दोहे में दरिया साहेब ने बहुत ही मार्मिक कथा को शब्दबद्ध किया है–

एक राजा के पास एक हाथी था उस पर सवार होकर राजा ने अनेक युद्ध फ़तह किये थे। हाथी बूढ़ा हो गया। राजा भी बूढ़े हो गये। राजा ने हाथी को बेचा नहीं अपने पास ही रखा। देखभाल के लिए पुराने महावत को ही ज़िम्मेदारी सौंप दी। एक बार सामाजिक कार्य के लिए महावत कुछ दिन की छुट्टी लेकर अपने गाँव चला गया। उसकी जगह राजा ने कुछ दिन के लिए नया महावत रख लिया। एक दिन नया महावत पानी पिलाने और नहलाने के लिए हाथी को तालाब में ले गया। हाथी ने पानी पिया, नहाया और जैसे ही बाहर निकलना चाहा तो फँस गया। तालाब दलदली था। हाथी ख़ूब ज़ोर लगा रहा था, मगर निकल ही नहीं पा रहा था। एक तो वृद्धावस्था के कारण जर्जर शरीर और उस पर भी दलदली ज़मीन। महावत तरह-तरह की तरकीबें अपना रहा था, कोई कारगर नहीं हो पा रहा था। हार कर उसने अंकुश मारना शुरू कर दिया। हाथी के शरीर में जगह-जगह घाव हो गये और ख़ून बहने लगा। हाथी मारे पीड़ा के चिंघाड़ रहा था और रो भी रहा था। बात राजा तक पहुँची। राजा आया

हृदय विदारक दृश्य देखकर वह भी रोने लगा। हाथी रो रहा था। राजा रो रहा था। पूरा जनसमूह रो रहा, मगर सभी लाचार कोई कुछ कर नहीं पा रहा है। राजा के ध्यान में एक बात आयी कि क्यों न पुराने महावत को बुलाया जाये। वह बचपन से इसके साथ रहा है। इसकी प्रवृत्तियों से अच्छी तरह वाकिफ़ है। शायद उसे कोई तरकीब मालूम हो। फ़ौरन हरकारा भेज कर पुराने महावत को बुला लिया गया।

महावत आया कारुणिक दृश्य देखकर रोते हुए चिल्लाया अरे बेरहमो इसे मार ही डालोगे। यह रण का हाथी है। इसने सैकड़ों युद्ध हमें जिताये हैं। जल्दी से रणभेरी बजाओ। रणभेरी बजायी गयी। हाथी जोश में आ गया। युद्ध वाले फॉर्म में आ गया और इतनी ज़ोर से छलाँग मारी कि तालाब से बाहर आ गया। राजा के साथ ही सभी जन ख़ुश हो गये। राजा ने हाथी और महावत दोनों का नागरिक अभिनन्दन किया।

तात्पर्य यह है कि पूरी सेना शूर वीर नहीं होती। सेना का हर सैनिक शूर वीर नहीं होता। शूर वीर तो पूरी सेना में एक/दो ही होते हैं। ज़्यादा महत्त्वपूर्ण होता है वातावरण/परिवेश जो उद्दीपन/सन्दीपन का कार्य करता।

औरन के द्वै द्वै भईं...

यह आशु दोहा मथुरा के कवि मान ने प्रख्यात शासक महाराजा रणजीत सिंह (13 नवंबर, 1817-27 जून, 1839) के दरबार में सुनाया था।

हुआ यों कि मथुरा के कवि मान ने महाराजा रणजीत सिंह के दरबार में जाकर कविता सुनाने की इच्छा व्यक्त की तो सुरक्षाकर्मियों ने उनसे कहा कि भई, यह ध्यान रखना कि महाराजा अपनी तारीफ़ में लिखी गयी कविता से बिल्कुल प्रसन्न नहीं होते, उन्हें तो सच्ची बात वाली कविता ही अच्छी लगती है और उस कवि को ही वे सम्मानित करते हैं। कवि मान बोले–भाई! हम कृष्ण के पुजारी हैं, मथुरा से आये हैं। हमेशा सच्ची बात ही कहते हैं। इस बात को सुनकर वहाँ उपस्थित दूसरा कवि व्यंग्य करते हुए बोला, अगर ऐसा है तो आप राजा की एक आँख पर कविता लिखकर सुनाइए। ध्यान रहे कि महाराजा रणजीत सिंह की एक आँख बचपन में शीतला (चेचक) के कारण बिल्कुल ख़राब हो गयी है और इस तरह वे एक ही आँख से देखते हैं। कवि मान बोले–ठीक है। सुरक्षाकर्मियों ने भी उन्हें अन्दर जाने की अनुमति दे दी। अब भरे दरबार में महाराजा की एक आँख को ध्यान में रखते हुए कवि मान ने यह दोहा पढ़ा–

औरन के द्वै द्वै भईं, तेहि अँखियाँ केहि काज।
तेरी एक ही आँख में, कोटि आँख की लाज।।

–कवि मान

(अर्थात और व्यक्तियों के पास दो-दो आँखें हैं मगर उनका कोई अर्थ नहीं है, कोई मतलब नहीं है क्योंकि उनमें पानी नहीं है। आपके पास केवल एक आँख है मगर यह एक आँख करोड़ों आँखों से भी ज़्यादा देखती है, परखती है क्योंकि इसमें पानी है। सबको एक नज़र से देखती है यह आँख।)

महाराजा रणजीत सिंह सहृदयी थे, उदार थे। कवियों का सम्मान करते थे। स्वयं भी कवि थे। इतना सुन बहुत प्रसन्न हुए और उन्होंने कवि मान को यथोचित पुरस्कार देकर भरे दरबार में सम्मानित किया।

महाराजा रणजीत सिंह को नमन और लाजवाब आशु कवि मान को प्रणाम।

कबहु न भड़ुआ रन चढ़े...

यह दोहा अकबर के दरबारी कवि इटावा के पास इकनौर गाँव के निवासी प्रख्यात कवि गंगाधर राव (भट्ट) उर्फ 'गंग' (1538-1625) ने उस समय कहा था जब उन्हें सम्राट ने नाराज़ होकर हाथी से कुचलवा कर मरवाने के आदेश दिये थे। गंग कवि ब्रजभाषा के बहुत ही लोकप्रिय कवि थे। घनाक्षरी/कवित्त छन्द लिखने में अद्वितीय थे। रहीम, बीरबल, मान सिंह, टोडरमल जो अकबर के नवरत्न कहे जाते थे। इन सबके साथ उनकी गहरी मित्रता थी। रहीम ने उनके एक दोहे पर प्रसन्न होकर उन्हें 36 लाख रुपये और एक गाँव पुरस्कार में दिया था।

किंवदन्ती है कि जब बेगम नूरजहाँ को गद्दी सौंपकर जहाँगीर ऐयाशी और अत्याचार में संलिप्त हो गया। उनको सही मार्ग पर लाने के लिए गंग ने एक दोहा कहा था जो जहाँगीर को बहुत बुरा लगा और उन्हें हाथी से कुचलवाने के आदेश दिये। लेकिन कुछ लोगों का मत है कि उन्हें हाथी से कुचलवाने के आदेश अकबर ने दिये थे। क्योंकि एक बार गंग ने एक कवित्त लिखा जो अकबर को बहुत बुरा लगा। कवित्त इस प्रकार है–

एक को छोड़ बिजा को भजे, रसना जु कटे उस लब्बर की
अब तो गुनिया, दुनिया को भजे, बाँधत पोट अटब्बर की
कवि गंग तो एक गोविन्द को भजे, कुछ संक न मानत जब्बर की
जिनको हरि की परतीत नहीं, सो करो मिल आस अकब्बर की

अकबर ने इसका अर्थ स्पष्ट करने के लिए कहा तो गंग ने कहा–

एक हाथ घोड़ा, एक हाथ खर,
कहना था सो कह दिया, करना है सो कर।

यह बात अकबर को चुभ गयी और उन्होंने भरी सभा में उन्हें हाथी से कुचलवाने का आदेश दिये। अकबर ने गंग से कहा कि जो तुम्हारी अन्तिम इच्छा हो सो कहिए, तो उन्होंने यह दोहा पढ़ा–

कबहुँ न भड़ुआ रन चढ़े, कबहुँ न बाजी बंब।
सकल सभाहिं प्रणाम कर, बिदा होत कवि गंग।।

भावार्थ–इस दोहे में दो शब्द हैं–बम्ब और भड़ुआ। बंब एक वाद्य यंत्र होता है। युद्ध का वातावरण बनाने के उद्देश्य से रणभेरी बजायी जाती थी। रणभेरी में कई वाद्य यन्त्र होते थे जिसमें बम्ब भी होता था। राजा लड़ने के लिए गाजे-बाजे के साथ यानी गज पर सवार होकर जाता था। युद्ध के बाजे बज रहे होते, सेना भी जोश खरोश के साथ चलती थी। राजा सबसे आगे चलता था।

भड़ुआ–वेश्यालयों में वेश्या और ग्राहक के मध्यस्थ का व्यक्ति जिसकी प्रवृत्ति कायर, डरपोक व विलासी मानी जाती है। जो राजा ऐयाश, ऐयार, कायर और विलासी प्रवृत्ति का हो तथा जिसने सीधे-सीधे कभी युद्ध न लड़ा हो, जो गाजे-बाजे के साथ कभी रण क्षेत्र गया ही न हो, भड़ुआ समान ही होता है। गंग कवि कहते हैं ऐसे राजा से न्याय की अपेक्षा करना बेकार है, इससे तो मरना ही बेहतर है। अत: मैं पूरी सभा को प्रणाम करते हुए आप सभी से विदा लेता हूँ।

□□